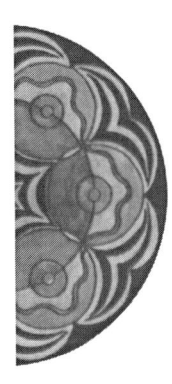

A MITOPOESE
DA PSIQUE

Dados Internacionais de Catalogação na Publicação (CIP)
(Câmara Brasileira do Livro, SP, Brasil)

Boechat, Walter
  A mitopoese da psique : mito e individuação / Walter Boechat.
2. ed. – Petrópolis, RJ : Vozes, 2009. – (Coleção Reflexões Junguianas)
  Bibliografia.

  6ª reimpressão, 2021.

  ISBN 978-85-326-3730-7
  1. Individuação 2. Jung, Carl Gustav, 1875-1961
3. Mito – Filosofia 4. Mitologia 5. Psicologia.

08-06844   CDD-150.1954

Índices para catálogo sistemático:
1. Individuação : Processo : Psicologia
   analítica junguiana   150.1954
2. Psicologia analítica : Junguiana   150.1954

Walter Boechat

A MITOPOESE
DA PSIQUE

Mito e individuação

Petrópolis

© 2008, Editora Vozes Ltda.
Rua Frei Luís, 100
25689-900 Petrópolis, RJ
www.vozes.com.br
Brasil

Todos os direitos reservados. Nenhuma parte desta obra poderá ser reproduzida ou transmitida por qualquer forma e/ou quaisquer meios (eletrônico ou mecânico, incluindo fotocópia e gravação) ou arquivada em qualquer sistema ou banco de dados sem permissão escrita da editora.

CONSELHO EDITORIAL

Diretor
Gilberto Gonçalves Garcia

Editores
Aline dos Santos Carneiro
Edrian Josué Pasini
Marilac Loraine Oleniki
Welder Lancieri Marchini

Conselheiros
Francisco Morás
Ludovico Garmus
Teobaldo Heidemann
Volney J. Berkenbrock

Secretário executivo
Leonardo A.R.T. dos Santos

Editoração: Fernando Sergio Olivetti da Rocha
Diagramação: AG.SR Desenv. Gráfico
Capa: Omar Santos
Ilustração da capa: Mandala produzida por uma paciente de Jung e reproduzida por ele em *Os arquétipos e o inconsciente coletivo*, vol. IX/1 das Obras Completas. 5. ed. Petrópolis: Vozes, 2007, p. 341, nota 182.

ISBN 978-85-326-3730-7

Editado conforme o novo acordo ortográfico.

Este livro foi composto e impresso pela Editora Vozes Ltda.

Paula está sempre presente às margens do Grande Rio Pai *Okeanos,* circular e eterno, turbilhão de palavras e imagens.

Sumário

Prefácio, 9

Introdução à guisa de comentário – Da necessidade dos mitos, 13

1. Introdução geral ao estudo do mito, 17
2. Cosmogonia e antropogonia – As origens, 44
3. Mitos e arquétipos do masculino, 52
4. Perseu: o arquétipo da reflexão, 72
5. Desenvolvimentos e regressões – Atalanta, a fugidia, 89
6. Édipo, o de duas faces, 99
7. Amor e individuação – *Eros e psique*, 110
8. Mito e criatividade – Hefesto, o deus da *téchne*, 130
9. Mito e filosofia – Os mitos em *O banquete* de Platão, 136
10. Mito e transformação – Afrodite, a deusa do amor, 149
11. A crise do homem moderno e a onipotência – Prometeu, 156
12. As escatologias gregas antigas e a psicoterapia moderna, 166

13. A mitopoese na era tecnológica – Mitos e arquétipos da ficção científica, 178

Apêndice – Glossário de termos junguianos, 195

Bibliografia, 205

Prefácio

Boechat emergiu nos últimos anos como um dos mais criativos contribuintes para a psicologia junguiana clássica, análise clínica e crítica cultural com uma reputação que transcendeu o Brasil e viajou os oceanos até a Europa, onde ele recebeu a formação em psicologia analítica. A erudição de Boechat, compaixão e humor se tornaram muito conhecidas para audiências sensíveis em todo o mundo.

A característica peculiar deste corpo crescente de trabalho é a maneira cuidadosa e metódica pelos quais as percepções derivadas da psicologia junguiana são aplicadas às grandes e perturbadoras questões do mundo atual. O trabalho que Boechat apresentou junto com a Dra. Paula Boechat no congresso da Associação Internacional de Psicologia Analítica na Cidade do Cabo: *Racismo e relações raciais no Brasil: Perspectivas clínicas e culturais*, foi um sucesso absoluto no congresso. Por causa desse trabalho, foi possível ganhar uma compreensão das questões de raça muito melhor e mais diferenciada, em uma grande variedade de contextos geográficos, principalmente, é claro, na África do Sul. Foi uma realização acadêmica e política notável e também um *coup de theatre*.

Um outro segmento do trabalho de Boechat, que é exemplar em originalidade e rigor, é sua análise do fanatismo no mundo moderno, explorando a psicologia profunda dos extremismos políticos sem colapsar num pânico moral sobre o terror cujas consequências desastrosas nós todos conhecemos.

O presente trabalho é um dos mais abrangentes textos sobre mitologia que eu conheço. Para os leitores junguianos, mitologia é bem conhecida como a quintessência metodológica da psicologia analítica. Para os leitores não junguianos, nos setores universitários e na psicanálise o simples fato de que Freud se interessou pelo mito grego não é suficiente para justificar esse hábito mental junguiano. Devido a isso, pareceu-me ser necessário introduzir esse livro com algumas frases de por que é tanto viável como esclarecedor a aplicação do mito a tal variedade de problemas, tais como: competições pelo poder político, crise social, relações familiares e a literatura de ficção científica.

É importante considerar a objeção acadêmica de que o estudo junguiano da mitologia ignora a historicidade do mito, mantido com uma ignorância superficial de como os gregos da Antiguidade vivenciaram e compreenderam seus mitos e lendas. Afirma-se que uma violência é feita ao mito por essa abordagem descuidada. Mas, na verdade, todos, incluindo o mitólogo acadêmico, estão juntos nessa violência quando eles espoliam e distorcem os mitos. Os mitos não se importam! Sua plasticidade e maleabilidade são tão grandes quanto sua estabilidade monolítica.

Esses mitos gregos têm se mostrado culturalmente irrefreáveis. Nos Estados Unidos e na Grã-Bretanha há, agora que escrevo em 2008, uma nova mania adolescente sobre "Percy" (que é na verdade Perseu) cuja espada é sua caneta esferográfica e cujo escudo é seu relógio. Do ponto de vista do desenvolvimento pessoal, os mitos nos ajudam a fazer face às ambivalências e complexidades da vida. Em um sentido psicopolítico bastante real eles atuam como um contrapeso à rigidez do poder e outras estruturas. Mitos nos ajudam a fazer uso de nossa imaginação e nossos poderes intuitivos. Na clínica, o mito permite uma linguagem partilhada, já que esse é um fator importante na cocriação da relação analítica. Entretanto é necessário enfatizar que analistas pós-junguianos como Boechat não forçam o mito em seus pacientes.

Boechat menciona a centralidade do mito para Freud e para a psicanálise freudiana e nas *Lições introdutórias em psicanálise* (escritas entre 1915 e 1917). Freud, em um momento "junguiano" surpreendente, falou sobre fantasias filogenéticas contidas nos mitologemas, um fato percebido por Laplanche e Pontalis no seu magistral *A linguagem da psicanálise* (HOGARTH, 1980: 314-319). Mas eu penso que esses mitos gregos eram também questões muito pessoais tanto para Freud quanto para Jung. Para Freud, rivalidade com o pai era certamente uma motivação principal, e Jung expressa uma preocupação personalística semelhante com seu foco na luta do herói para escapar ao domínio maternal.

Eu concluirei com uma afirmação geral e talvez abrangente demais. Nos dias iniciais do envolvimento junguiano com a mitologia havia, em seu núcleo, um projeto político bastante conservador. O objetivo era mostrar as continuidades entre a modernidade e a ideação e cultura tradicionais. O impulso em geral era moderar qualquer percepção de que a Modernidade atingira um rompimento definitivo com o passado. Esse efeito moderador sobre os apelos da Modernidade e das revoluções científicas do século XX era elogiável, mas muito frequentemente insinuava-se um tom retroativo, reacionário e até nostálgico.

Mas as coisas mudaram e agora o aspecto libertário do mito tomou o centro do palco. Boechat está na vanguarda dessa nova abordagem. Seu livro é ambicioso, emocionante, acadêmico e cheio de significados tanto aparentes à primeira leitura e talvez ainda mais após uma reflexão (um termo que ele muito valoriza!).

Andrew Samuels é professor de Psicologia Analítica, Universidade de Essex; professor-visitante de Psicanálise, Universidade de New York; professor-visitante de Estudos Psicanalíticos, Universidade de Londres; professor honorário de Psicologia e Estudos Terapêuticos, Universidade de Roehmapton.

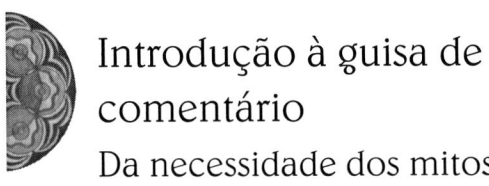
Introdução à guisa de comentário
Da necessidade dos mitos

Mitopoese [gr. *mūthopoiêis, eós*] é palavra composta que, segundo o dicionário eletrônico Houaiss, deriva de: *mito* e *poese*. Significa: origem, criação de um mito ou dos mitos; *mitopoética*. Quero significar com o título *Mitopoese da psique: Mito e individuação* a capacidade espontânea que tem a psique de produzir mitos. Realmente, o tecido do qual são feitos os mitos, os contos de fadas, as fantasias e os sonhos é basicamente o mesmo. A psique tem a capacidade natural e espontânea de produzir imagens mitológicas, que são imagens arquetípicas, nas mais variadas situações do cotidiano.

Mitopoese da psique: Mito e individuação é livro que nasce a partir de outro, já há algum tempo publicado em duas edições pela Editora Vozes: *Mitos e arquétipos do homem contemporâneo*. Esse último, organizado por mim, continha ainda preciosos ensaios de outros colegas e diversos artigos meus que são reproduzidos aqui, alguns com alterações e desenvolvimentos que o próprio tempo exige.

Com o rápido esgotar das duas edições de *Mitos e arquétipos...* diversas pessoas, principalmente meus alunos do curso de Pós-graduação em Psicologia Junguiana na UNI-IBMR, há diversos anos procuravam-me pedindo orientações como adquirir o livro ou mesmo sugerindo novas edições. Em todos meus anos de prática clínica houve também uma pressão interna para mais escritos e reflexões sobre o papel do mito em psicoterapia, na sociedade e na vida em geral.

Os capítulos do presente livro contemplam diversos aspectos da emergência do mito, em psicoterapia, no amor, na arte, no trabalho e na sociedade. Como exemplo dessa diversidade da presença dos mitos, cito o capítulo "A crise do homem moderno e a onipotência – Prometeu", que reflete sobre o mito do herói, o simbolismo de Prometeu e a cultura contemporânea. Já o capítulo "A mitopoese da era tecnológica – Mitos e arquétipos da ficção científica" procura enfatizar o mitologizar riquíssimo da literatura de ficção científica, nova fonte de imagens arquetípicas presentes na era tecnológica.

Um artigo publicado recentemente por Ann Shearer sobre a necessidade da presença da mitologia na formação de analistas junguianos suscitou importante debate de James Hollis (SHEARER & HOLLIS, 2004). Isso porque, com o aprofundamento da chamada escola desenvolvimentista da psicologia analítica, que trabalha com ênfase o desenvolvimento de ego, as relações mãe-bebê e a transferência como essenciais, questionou-se até que ponto o emprego de mitos em análise junguiana é tão fundamental como fora em épocas anteriores. Mas a conclusão final é que o mito está sempre presente, mesmo na visão clínica que priorize os aspectos de transferência e a estruturação do ego. Como exemplo do emprego constante do mito em teorias desenvolvimentistas atuais cito o livro de Donald Kalsched, sobre a teoria do trauma e desenvolvimento da personalidade (KALSCHED, 1997) e o artigo de Joy Schaverien (2007) recentemente publicado no *Journal of Analytical Psychology*. Kalsched emprega intensivamente temas de contos de fada e mito para fundamentar seus exemplos clínicos e Schaverien cita a presença de imagens de contos de fada (Branca de Neve) na contratransferência, sugerindo o emprego do método junguiano da imaginação ativa a partir dessas imagens. Portanto, a mitologia continua presente, é sempre essencial, é sempre uma expressão básica da alma humana.

Para aqueles pouco familiarizados com o jargão junguiano, foi acrescentado um anexo com termos junguianos e sua referência à mitopoese da psique.

Para terminar, desejo agradecer a meus alunos e também a meus pacientes, fonte constante de aprendizagem no eterno processo da mitopoese da psique que é o processo de individuação. Eles são os responsáveis diretos por esse livro.

Rio de Janeiro, junho de 2008
Walter Boechat

1 Introdução geral ao estudo do mito

> *Para a razão o fato de "mitologizar" (mythologein) é uma especulação estéril, enquanto que para o coração e a sensibilidade esta atividade é vital e salutar: confere à existência um brilho ao qual não se queria renunciar.*
> C.G. Jung (1978: 261)

A palavra mitologia deriva do grego *miéin*, manter a boca e os olhos fechados. A expressão é oriunda dos antigos mistérios de iniciação. Derivados de *miéin* são também: *mystérion* (mistérios) e *mýstes*, palavra que designa os neófitos nos mistérios, ou os iniciados (BRANDÃO, 1986: 25ss.).

O mito está, portanto, associado de forma definitiva ao misterioso e ao que não pode ser expresso pelo discurso lógico da consciência: ao mundo do *logos* propriamente dito. O mito seria uma *roupagem* ou um *escafandro* com o qual o homem das sociedades tribais se veste para entrar no mundo exterior, de acordo com a imagem que nos fornece o filósofo espanhol Ortega y Gasset.

Os sentidos fundamentais do mito

Joseph Campbell, buscando uma visão ampla dos sentidos do mito para o ser humano, propõe quatro abordagens possíveis do mito: *a questão cosmológica, a questão metafísica, a questão so-*

ciológica e a questão psicológica (CAMPBELL, apud HOLLIS, 1998: 18).

Quanto à *questão cosmológica*: o mito dá sentido à própria ordem do mundo. Quando nos perguntamos: por que estamos no mundo? Ou: qual o sentido de nossa existência?, tais perguntas não podem ser explicadas simplesmente pela razão. Os mitos têm a função de responder de forma simbólica e abrangente às questões fundamentais da alma. E os mitos cumprem sua função de atribuir sentido ao mundo, desde a aurora da humanidade até aos dias da sociedade tecnológica. *A teogonia* de Hesíodo de Agra (séc. IV a.c.)[1] não é apenas uma *cosmogonia* (ou seja, uma explicação da origem do universo) como também uma *teogonia* (isto é, uma descrição sobre a origem dos deuses).

Por sua vez, os mitos escatológicos[2] são os que procuram dar conta do grande mistério envolvido na finalidade da vida e na vida pós-morte.

Quanto à *questão metafísica*: A metafísica procura dar explicações últimas sobre a realidade das coisas à nossa volta. As explicações racionais, evidentemente, são insuficientes para dar conta da realidade. As constantes tentativas de explicar por meio da metafísica a essência do mundo, da natureza e dos fenômenos são satisfeitas pela *mitologia*. Platão foi um filósofo que lançava mão do mito, sempre que o discurso lógico (do *logos*) o levava a uma *aporia* filosófica, ou seja, a um caminho sem saída[3]. O mito, então, proporcionava-lhe uma solução e uma saída para o sentido. Em

---

1. Veja considerações sobre a teogonia no cap. 2: "Cosmogonia e antropogonia – As origens".
2. Os mitos escatológicos são tratados nos capítulos 1 e 12 desta obra.
3. *Aporia*: Do grego *poros*, saída, orifício, querendo dizer "sem saída". Veja o capítulo 9 deste livro: "Mito e filosofia – Os mitos em *O banquete* de Platão".

O banquete, quando Aristófanes está para iniciar seu discurso, diz: "Vou iniciar-vos na linguagem do mito"... E Platão fala então pela boca de Aristófanes, discursando sobre o profundo mito dos *andróginos*. Vale dizer que o discurso, com o auxílio dos mitos, ganha a profundidade dos mistérios.

Quanto à *questão sociológica*: O mito sempre ocupou um papel central e estruturante na sociedade humana. O etnólogo Bronislaw Malinowski (1884-1942) propôs o conceito de *mito vivo* entre as sociedades tribais. Foi o primeiro a enfatizar esse papel social do mito, ao conviver com os nativos das tribos nas Ilhas Trobriand na Melanésia. Malinowski, fundador do funcionalismo em antropologia, preconizava que o antropólogo não pode ser um acadêmico de gabinete mergulhado em seus livros e construindo teorias a partir de informes secundários[4]. Ao contrário, o trabalho cultural é fundamental; assim o estudioso dos povos deve fazer muito trabalho de campo, aprender a língua dos povos que deseja estudar, procurar conviver com eles e conhecer sua mitologia. Os trabalhos de Malinowski deixaram clara a noção fundamental do *mito vivo* em sociedades tribais. Há uma importância essencial da mitologia na organização da vida diária dessas culturas. Sem o mito, essas sociedades simplesmente não se organizariam. O nascimento, a infância, o casamento, a caça e a guerra, o comércio e a morte, todas as atividades, enfim, são ritualizadas e mitologizadas para ganharem sentido.

Em seus trabalhos de campo os irmãos Cláudio e Orlando Villas-Boas – assim como, de modo bastante especial, Darcy Ribeiro – muito contribuíram para o desenvolvimento de uma *antropologia nacional*. Nesses trabalhos, o relevante papel dos mitos e da institui-

---

4. Assim procederam os mentores da escola do evolucionismo cultural do século XIX.

ção do *xamanismo* para a organização das sociedades tribais brasileiras ficou evidenciado⁵.

As culturas tribais em geral têm seus chamados *ritos de passagem*, nos quais as transições fundamentais do ser humano, como nascimento, puberdade, casamento, maturidade e morte, são ritualizadas e mitologizadas de forma coletiva. Somente traços desses rituais permanecem vivos na contemporaneidade, tais como o ritual de formatura, o batismo cristão, o *Barmitzva* israelita. Tais rituais e mitos têm uma importante função organizadora da consciência coletiva, e sua ausência em nossa cultura tem produzido efeitos destrutivos, segundo diversos autores⁶. O homem contemporâneo tem certas transições em seu desenvolvimento de forma extremamente individual – não de forma coletiva, como ocorria com o homem tribal – e essas transições marcam fases definitivas do processo que C.G. Jung denominou *processo de individuação*. O ritual da análise psicológica visa a colocar o indivíduo em contato mais íntimo com suas próprias transições de vida, para que consiga caminhar de forma mais consciente por suas passagens existenciais.

Mas não nos enganemos: o mito está fortemente presente também na *sociedade tecnológica*. Mircea Eliade procurou enfaticamente demonstrar a presença do mito nos grandes movimentos sociais contemporâneos. Eliade fez mesmo uma curiosa aproximação mítica entre cristianismo e marxismo, percebendo elementos do mito judaico-cristão na ideologia do autor de *O capital*. Assim, há a

---

5. Veja trabalhos de Villas-Boas, Darcy Ribeiro e analistas junguianos sobre a antropologia nacional em BYINGTON, Carlos (org.). *O simbolismo nas culturas indígenas brasileiras*.

6. A ausência de rituais na cultura moderna é vinculada por Zoja (1998) ao problema das drogas.

ideia mitológica de um herói salvador ou redentor da sociedade, como um Cristo sofredor, o operário oprimido; e, equiparando-se a uma Jerusalém celestial no final dos tempos, a desejada sociedade sem classes (ELIADE, 1961: 22). Assim, o mito não é algo falso, fabuloso ou uma estória apenas agradável de se ouvir, mas um poderoso agente catalisador de mudanças individuais e sociais.

Quanto à *questão psicológica*: Se, por um lado, o indivíduo necessita entender o cosmos e a natureza à sua volta, se ele precisa, portanto, inserir-se em uma ordem social significativa, ele necessita também, fundamentalmente, entender-se a si mesmo. O estudioso da religião grega Walter Otto comenta que: "O mito aumenta a autoconfiança e felicidade interna pela experiência de algo divino" (OTTO, apud PATAI, 1974: 15).

A problemática básica do Oráculo de Delfos – *conheça-te a ti mesmo* – encontra uma via de resposta nos mitos. Quem sou eu, qual é o meu caminho profissional, e outras questões básicas do existir não encontram resposta simples pelo lado meramente racional. Essa é, afinal, a questão do enigma posto pela esfinge para Édipo: um enigma simbólico, que exige uma resposta simbólica e não uma resposta simples, racional, como Édipo formulou, segundo o mito. Essa atitude excessivamente racional de Édipo acaba tendo consequências nefastas, assim como Sófocles relata na tragédia *Édipo-rei*[7].

Assim, a imagem é a linguagem fundamental da alma e os símbolos são a chave para a compreensão das imagens. Os mitos, por sua vez, são estórias simbólicas que se desdobram em *imagens significativas*, que tratam das verdades dos homens de todos os tempos. Daí decorre que C.G. Jung tenha proposto com ên-

---

7. A história de Édipo é comentada no capítulo 6: "Édipo, o de duas faces".

fase o que chamou de *mythologein* – mitologizar – a psique[8] para a melhor compreensão de seus processos. Ele enfatizou também que cada pessoa deveria descobrir o seu mito pessoal para compreender seu papel no mundo e seu destino (JUNG, 1978: 260).

A presença do mito na Antiguidade: as primeiras interpretações

O mito se faz presente na sociedade humana desde a mais remota antiguidade. Há o aparecimento de configurações mitológicas já nas pinturas de cavernas feitas durante a idade do paleolítico. Nas sociedades antigas pode-se perceber a presença da mitologia com muita clareza, na organização cultural, na vida individual e na coletiva, tanto nos costumes como na religião. É como se quanto mais próximo estivesse a cultura da natureza e dos instintos, mais a mitologia se tornasse presente de forma crucial.

O mais antigo épico mitológico preservado é o famoso *Épico de Gilgamesh*. Trata da estória profunda e simbólica do rei da antiga cidade de Uruk, Gilgamesh, "o construtor de muralhas"[9]. Copilado aproximadamente em 2.750 a.C., é constituído por vários poemas preservados em tabuletas de cerâmica cuneiformes das antigas culturas dos sumerianos, acadianos, hititas e cananeus.

A civilização dos sumerianos antecedeu historicamente à cultura babilônica. A cidade de Uruk situava-se onde hoje é o moderno Iraque (Iraque deriva seu nome da antiquíssima cidade e o atual Museu de Bagdá ainda preserva os fragmentos das tabuinhas de cerâmica cuneiformes que versam sobre o mito, bem como outros fragmentos datando da civilização sumeriana).

---

8. Sobre o "mitologizar", cf. Jung, 1963/1978, p. 260-261.
9. Cf. *Gilgamesh, Rei de Uruk* (1992). São Paulo: Ars Poética.

O mito narra as peripécias de Gilgamesh (constituído de dois terços divinos e um terço humano) e de seu companheiro antropoide Einkidu, que veio dos céus num cometa. Ambos desafiam a poderosa deusa Grande Mãe Ishtar (sempre a luta natureza *versus* cultura), e Einkidu é morto. A estória trata da tristeza de Gilgamesh, de sua busca pela erva da imortalidade e sua tentativa de descida ao mundo dos mortos para resgatar a alma de Einkidu. O mito elabora as profundas questões religiosas da morte, da imortalidade e da finitude do ser humano. O Mito de Gilgamesh é, portanto, um exemplo de mito vivo cujas imagens simbólicas possuem significado para toda uma cultura e uma época (e continuam a ter sentido simbólico para o homem contemporâneo).

Posteriormente, no século IV a.C., surgem as primeiras interpretações *racionais* do significado do mito, onde já se colocam as questões básicas: Como surgem os mitos? Qual a sua função na sociedade? Essas questões são primeiramente postas pelos filósofos pré-socráticos da Antiga Grécia. Teágenes de Région e Pitágoras começam a indagar se os mitos não seriam *alegorias dos elementos naturais*. Os filósofos pré-socráticos ainda abordaram o mito de forma moralista, metafísica e alegórica. Os sofistas percebiam o mito como uma alegoria moral ou natural.

No século V a.C. Heródoto inaugura a *interpretação histórica dos mitos*. Os deuses e eventos nada mais seriam do que situações históricas ocorridas em tempos remotos. As abordagens de Heródoto tiravam dos deuses e heróis o manto da sacralidade. Por exemplo, a tradição rezava que o rei hitita Ciro fora criado por uma cadela. Para Heródoto, a crença deriva do fato de Ciro ter sido criado por um pastor cuja esposa tinha o nome de *Spako*, em grego *Kino*, que quer dizer, exatamente, cadela[10].

---

10. Veja a interpretação de Heródoto ao Mito de Ciro em Patai, 1974, p. 20.

A interpretação puramente linguística de Heródoto deixa de lado o fato inegável de que inúmeros heróis têm nascimento mágico e são cuidados por animais na natureza, tais como Rômulo e Remo, aleitados por uma loba; Atalanta, que teria sido cuidada na floresta por uma ursa e tantos outros. O nascimento mágico é um importante *mitologema*, isto é, um núcleo essencial do mito, que se repete nos mais diversos mitos e nas mais diversas culturas. O conceito de mitologema é importantíssimo na construção teórica da psicologia analítica. Foi pela percepção dos mitologemas presentes nas produções delirantes de psicóticos, nos sonhos e fantasias de todas as pessoas que Jung pôde formular a conceituação do *inconsciente coletivo*.

Do ponto de vista da psicologia analítica, portanto, a criança heroica que foi abandonada (i.e., o constante motivo da exposição da criança) e que veio a ser cuidada por animais pretende significar que o verdadeiro processo de individuação só poderá acontecer fora dos domínios dos padrões estabelecidos pelos pais. Isto é, o processo de individuação é natural, espontâneo e instintivo e terá sempre um novo recomeço a cada indivíduo.

A transição do pensamento mitológico para o pensamento racional

Creio que é importante que nos detenhamos um pouco na questão dos filósofos pré-socráticos e no início do pensamento racional no mundo ocidental. Isto porque, para entendermos a importância do mito para o homem contemporâneo, é crucial que percebamos o que é o *pensamento mitológico* e qual a sua relação com o *pensamento racional*.

O começo do pensar reflexivo na cultura ocidental foi por muito tempo atribuído ao chamado *milagre grego*, aos primórdios do pensar filosófico no mundo grego em torno do ano IV a.C. pelos chamados filósofos pré-socráticos[11]. Como é sabido, tal termo designa um grupo de pensadores antigos que produziu uma forma sistematizada de pensar, interrogando-se sobre a *origem do mundo*. Aristóteles denominou-os *physiologói*, ou seja, pensadores da *phýsis* ou da matéria, ou do mundo. Para Platão, eles não seriam propriamente filósofos, no sentido da preocupação com as questões do homem, mas com as essências do universo.

Pois bem, desde Cornford passou-se a questionar se o pensamento racional teria surgido *ex nihil*, do nada, sem nenhum antecedente, a partir desse grupo de pensadores das ilhas jônicas, os assim chamados filósofos pré-socráticos. Cornford detectou que o *pensamento racional* desses filósofos não tinha grande distinção do chamado *pensamento mitológico* que lhes antecedera. Explicando melhor: os pré-socráticos pensaram sobre a essência da natureza a partir do *arché*, que seria uma substância primordial do cosmo. Haveria assim quatro *archái*, que seriam os quatro elementos: terra, água, ar e fogo. Cornford[12] percebeu que os *archái* nada mais seriam do que os deuses mitológicos elevados a uma grande abstração: o fogo seria o pai Zeus, o senhor do raio; a água seria Posídon, o senhor do mar; o ar seria Hades ou Plutão, o senhor das trevas brumosas; e a terra seria Gaia, nosso planeta[13].

---

11. Carneiro Leão sugere a expressão "pensadores originários" como mais adequada do que a de pré-socráticos. Isso por considerar esta última denominação incorreta, na medida em que haveria pré-socráticos que teriam existido depois de Sócrates, ou que deste foram contemporâneos. Se a expressão pretende significar que o pensamento dos pré-socráticos tenha ocorrido "antes" do pensamento de Sócrates, no sentido de ser menos diferenciado, igualmente seria improcedente. Veja-se C. Leão e Wrublewski: *Os pensadores originários. Anaximandro, Parmênides, Heráclito*. Petrópolis: Vozes.
12. Em sua obra de 1912: *From Religion to philosophy*.
13. As ilações de Cornford são mencionadas por Vernant, 1990, p. 350ss.

Jean-Pierre Vernant, elaborando sobre as ideias de Cornford, procura confirmar que *o pensamento racional* é inseparável do *pensamento mitológico*. Isto porque, no tempo histórico, a gênese do pensamento racional ocidental se dá a partir do pensamento mitológico, e não fora dele (VERNANT, 1990).

Essas duas formas de pensamento estudadas por Vernant, situadas no tempo histórico, foram analisadas por C.G. Jung em relação ao funcionamento mental do ser humano. Na obra *Símbolos da transformação*, parte II (1951/1986), Jung assim intitula o capítulo 2: "Dois tipos de pensamento". Ali, o autor postula que existiriam duas maneiras de pensar: uma, *consciente, linear, adaptativa*, que serviria às funções do ego, de adaptação à realidade; e a outra, denominada *pensamento circular, mitológico* e que ocorreria ao sonhar, ao fantasiar e que Jung associa ao *pensamento dereístico* das crianças.

A mitopoese da psique

Queremos enfatizar que uma forma de pensamento é inseparável da outra, e se por vezes o indivíduo mergulha no sonho e na fantasia, possuído pelo pensamento circular, em outras suas necessidades de adaptação ao mundo externo exigem o pensamento linear. O pensamento simbólico, tão importante no processo analítico e essencial à individuação, seria a junção das duas formas, consistindo, poderíamos dizer, numa *forma elipsoide de pensamento*. No instante em que o indivíduo alcança essa junção, o processo de individuação se processa com grande vigor, pois a função simbólica do inconsciente está plenamente operativa, produzindo representações eficazes ao desenvolvimento do todo. É quando o símbolo se constela em terapia, modificando toda a condução dela; dentro de um sonho, em meio a diversos conteúdos que seriam *resíduos do dia* (Freud) aparentes repetições do cotidiano, uma imagem nova surge, modificando toda a condução do processo e trazendo algo realmente novo. Ocorre aí a junção das duas formas de pensamento, produzindo novas soluções para o sonhador, novas formas de adaptação possível, saídas para seu impasse existencial.

Resulta daí o fato de o mito ser tão vital à existência humana. Há sempre uma *mitopoese da psique*: o tecido dos mitos antigos é o mesmo tecido dos sonhos e fantasias. Quando uma criança de tenra idade ouve os contos de fada e estórias infantis, percebe modelos de organização psíquica altamente estruturantes. A criança gosta dos contos, quer ouvir mais e os guarda com carinho. Os trabalhos do herói dos contos expressam modelos de ação necessários ao seu mundo interno; os demais personagens expressam situações típicas, a criança se reconforta com o conto simbólico.

Da mesma forma ocorre com um paciente em análise: o mito irá trazer uma amplificação à sua situação existencial, por vezes difícil, e o paciente – assim como o próprio analista – logra assim compreendê-la melhor.

Todas essas questões, portanto, dizem respeito à moderna abordagem da mitologia pelo terapeuta de linha junguiana. Mas, evidentemente, o caminho foi bastante longo até que os desdobramentos contemporâneos pudessem ser obtidos.

O evemerismo e o mito na Modernidade

Fazendo um caminho pelas diversas interpretações do mito desde o mundo antigo, podemos verificar que nesse período talvez a mais importante abordagem tenha sido a de Evêmero, escritor e hermeneuta grego nascido em Messina – atual Sicília – em 330 a.C. Dentre os antigos, ele foi o que mais se destacou na *interpretação histórica* dos mitos. Por essa linha de interpretação, todos os deuses e heróis seriam *personagens históricos deificados*. São inúmeras as interpretações históricas de Evêmero, todas com muita consistência e desenvolvidas após muita pesquisa. Por exemplo, *Dioniso* seria o General Alexandre da Macedônia, que levou a cultura grega a todo o mundo antigo, tendo inclusive conquistado o Egito. Assim, as configurações de Dioniso associado à coleta da uva e à fabricação do vinho, assim como em procissões, estariam ligadas às viagens de Alexandre à Índia e Egito, onde teria disseminado o cultivo da uva, domínio de Dioniso.

O evemerismo foi muito utilizado pela Igreja Católica, ao longo da Idade Média, no processo de competição com as religiões pagãs pelo domínio das almas. A estratégia adotada pela Igreja foi então a de desqualificar o paganismo, subtraindo aos deuses pagãos seu *mana*[14], transformando-os consequentemente em meras figuras históricas que, embora expressivas, eram sempre humanas e mortais.

Apesar de todo o empenho por parte da religião instituída, no sentido de desprover os deuses clássicos de seu poder, o costume de tomar o ancestral mítico persistiu mesmo durante a renascença[15]. Como escreveu o próprio Zwinglio, em carta de 1531: "Perto de Deus, talvez possas ver Adão, Abel, Enoque, Hércules, Teseu, Sócrates, os Catões e os Cipiões..." (apud PATAI, 1974: 23).

Durante o século XVIII, o mito manteve sua influência cultural e continuou despertando interpretações de estudiosos da antropologia e de diversas outras áreas do pensamento.

Os mitos sempre se desenvolveram associadamente aos fenômenos naturais. A personificação de elementos da natureza foi uma maneira encontrada por nossos ancestrais para se inserirem

---

14. Termo de origem polinésia, que significa poder ou força misteriosa.
15. Jean Szenec demonstra a persistência dos deuses pagãos na arte e na iconografia renascentista (1940/1973).

no mundo circundante, procurando a ele se adaptar, de alguma forma. Foram justamente as analogias naturais, constantes no mito, que levaram o estudioso dos mitos Max Müller (1823-1900) a tentar organizar regras interpretativas para todos os mitos, baseadas no curso do sol, sem dúvida uma abrangência bastante equivocada. Max Müller pretendeu que todas as mitologias arianas, inclusive a hindu, a grega e a germânica se refeririam ao sol ou aos seus fenômenos naturais; isso é o que deduzia, em sua *mitologia solar*. Sem dúvida, o sol e seu curso, brilho e poder fertilizador geraram diversos mitos nas mais diversas culturas, tendo mesmo gerado fantasias *mitopoiéticas* espontâneas na arte e no delírio. Mas reduzir toda a mitologia aos fenômenos solares foi no mínimo uma atitude bastante redutiva da parte de Müller.

A entrada do século XX trouxe uma nova e importante abordagem ao estudo do mito. A *escola do mito e do ritual* procurou atender à questão: O que vem em primeiro lugar: o mito ou o ritual? Os mais ilustres representantes dessa escola foram Wilhelm Wundt em sua obra *Volkerpsychologie* (1908) e Jane Harrison, quatro anos após Wundt, através de sua obra principal, *Themis* (1912).

Em sua obra, Harrison sustenta:
> 1) o mito nasce do rito, muito mais do que o rito nasce do mito. 2) O mito é o correlativo falado do ato representado, ou seja, *to legomenon*, a coisa dita, em contraste com *to dromenon*, a coisa representada, embora também se relacione com ela; 3) não é nenhuma outra coisa, nem tem nenhuma outra origem (HARRISON, apud PATAI, 1974: 32).

É verdade que as ideias de Jane Harrison se limitavam à cultura grega, mas suas noções tiveram desdobramentos ulteriores, tendo aplicações por outros autores em culturas pouco estudadas do Oriente Próximo. Com tais desdobramentos e evolução, o posicionamento da *escola do mito e do ritual* pode ser exposta da seguinte maneira:

> 1) O mito é a parte falada do ritual. 2) Não há ritual sem mito. 3) Não há mito sem ritual (PATAI, op. cit.: 33).

Como é claro, a *associação da imagem mítica com rituais* é de grande importância e foi também aplicada à emergência dos mitos na cultura moderna, no teatro e nas mais diferentes expressões musicais, como a música negra.

Detenho-me aqui em certo detalhe sobre as associações entre o mito e o ritual porque o próprio Jung se interessou por ritmos, gestos e símbolos da libido[16]. Em psicoterapia junguiana (lembrando que toda terapia obedece a um certo *ritual*[17] necessário para ser válida), também os gestos e ritmos corporais têm importância, devido à sua estreita ligação com a representação mental (cf. BOECHAT, 2008).

A importância do mito na psicologia analítica de Jung

A mitologia tem, assim, importância essencial na formulação da teoria da psicologia junguiana, a *psicologia analítica*, desde seus primórdios. Isso porque toda teoria psicológica é formulada a partir de um alicerce psicopatológico. A *psicanálise* tem a *histeria* como fundamento psicopatológico de sua construção teórica, muito embora Freud tenha, sem dúvida, dedicado sua atenção ao

---

16. Cf. Jung (1912/1986, parte II, cap. III: "A transformação da libido", § 204ss.).

17. O ritual da psicoterapia obedece a determinantes como horário e local bem determinados, enquadre ou *setting* terapêutico bem definido, com contrato terapêutico claro. Caso esse ritual não se repita a cada sessão, a emergência simbólica não ocorre e o processo não chega a bom termo.

estudo de diversas psicopatologias. Já a *esquizofrenia* vem a ser a psicopatologia que proporciona o fundamento teórico para a *psicologia analítica* de Jung. E o conteúdo esquizofrênico está profundamente imbricado nos mitos, como veremos a seguir.

Em síntese, podem-se traçar as linhas dos caminhos seguidos por Freud e Jung na construção de suas respectivas teorias, um desenho de estruturas antitéticas mas equivalentes, tal a semelhança dos elementos que vieram a constituir os percursos dos dois criadores.

Freud foi a Paris trabalhar com Charcot no Hospital Salpetrière, lidando com pacientes histéricos. Na sintomatologia da histeria, Freud formula o conceito do *recalque* para justificar na psicodinâmica das defesas do ego a interação consciente-inconsciente e a psicopatologia. Chega então ao problema da *novela familiar*, ao complexo de Édipo e ao incesto como origem de toda neurose.

Jung, no início de sua carreira médica, trabalha com Eugen Bleuler no Hospital Burghölzli, próximo a Zurique. Trabalha com os esquizofrênicos, e nos delírios destes vem a descobrir os *mitologemas*, núcleos de mitos que apontam para uma origem comum, coletiva, desses conteúdos delirantes. Os mitologemas irão propiciar a Jung a percepção do *inconsciente coletivo*. Além disso, fornecer-lhe-ão uma perspectiva simbólica a partir da qual poderá compreender os delírios como providos de algum sentido. O delírio não é, portanto, impenetrável, como desejaria a psiquiatria clássica, e desprovido de sentido. Ao contrário, ele tem um sentido próprio, *desde que se parta de um pressuposto simbólico para compreendê-lo.*

Jung seguiu seu mestre Bleuler procurando sempre o conteúdo simbólico das esquizofrenias e não apenas mantendo uma posição descritiva, diagnóstica. O caso de B. St.[18], descrito por Jung, é famoso por apresentar um delírio em forma de uma estereotipia totalmente irracional e incompreensível: "eu sou o sino", "eu sou o sino", "eu sou o sino". Sob o ponto de vista da consciência, se não se parte de um pressuposto simbólico, nem de associações, tal aliteração seria totalmente incompreensível. Mas Jung persistiu na convicção que todo delírio teria um núcleo compreensível, desde que partamos de um pressuposto simbólico. Em fase posterior, com ligeira melhora da paciente, com melhor comunicação, ela revelou admirar o poeta Schiller, autor do poema *O sino*. B. St. sentia-se abandonada no grande hospital cantonal Burghölzli pelo seu antigo médico, o diretor Prof. Forel. Sentia-se sem importância, sem valor. Delirava, dizendo: *eu sou o sino*. Era a forma de seu inconsciente dizer: *eu sou importante, eu tenho valor, não sou tão sem importância assim...* (JUNG, 1907, § 275).

Jung formulou, logo no começo de sua carreira profissional, o importante conceito da *compensação*, de que o delírio operaria compensando a atitude da consciência. Esse conceito permanecerá intacto durante toda a formulação teórica da psicologia analítica e, mais tarde, virá a ser axial *na teoria da interpretação dos sonhos*, a partir da qual Jung dirá que um sonho também *compensa* a atitude consciente do sonhador. Trata-se de um conceito que rege a relação entre os dinamismos conscientes e inconscientes, operando como se fosse mediante uma *homeostase psíquica*.

A imagem do sino de Schiller aponta para uma figura literária da experiência em nível pessoal da paciente, isto é: por uma série de associações conscientes, o gosto da paciente pela poesia de

---

18. Jung, 1907, § 198ss.: "Análise de um caso de *dementia paranoide* como paradigma".

Schiller, seu estado de profunda depressão e sentimento de abandono consciente e outros fatores da consciência, seu conteúdo delirante torna-se explicável.

Entretanto, há diversas situações nas quais o conteúdo do delírio apresenta-se como um mito de tonalidade coletiva, impessoal. Embora sem perder suas características de compensação homeostática – pois essa é uma característica geral da operosidade da *função transcendente*[19] do si-mesmo, produzindo um *tertio non datur, um terceiro não determinável* como quis Jung – quando a tensão dos opostos é quase insustentável, o delírio vem apresentar conteúdos de tonalidade impessoal pertencentes ao inconsciente coletivo. Tal é a natureza dos mitologemas.

É bastante conhecido o exemplo do paciente impressionado com o *falo solar*, que teria sido o primeiro caso, aquele que *deu uma indicação* (McGUIRE & HULL, 1982: 381) para usarmos as próprias palavras de Jung, e fizeram com que conseguisse descobrir o *inconsciente coletivo*. Em famosa entrevista para a TV BBC de Londres, Jung relatou que seu paciente...

> [...] chamou-me, agarrou-me pela lapela e levando-me até uma janela disse: "Doutor! Agora! Agora pode ver. Olhe para ele! Olhe para o sol e veja como ele se mexe. O senhor também deve mexer a cabeça assim, e então verá o falo do sol, e o senhor sabe, essa é a origem do vento. O senhor está vendo como o sol se movimenta

---

19. Jung (1916/s.d.) definiu a *função transcendente* como a função que tem o si-mesmo de produzir um terceiro a partir da tensão dos opostos irreconciliáveis, consciente e inconsciente. A função transcendente opera apresentando uma terceira via simbólica que soluciona criativamente a tensão de opostos. A função mitopoiética da psique é a função transcendente, pois opera por símbolos.

quando a gente mexe a cabeça de um lado para outro?"[20]

Jung, naturalmente, terá pensado que se tratava de um conteúdo delirante como tantos outros, desprovido de qualquer sentido lógico, mas anotou o ocorrido em seu bloco de notas. Quatro anos depois encontrou um estudo do historiador Dieterich sobre a Liturgia de Mitra, parte do famoso manuscrito *Grande Papiro Mágico Parisiense* (McGUIRE & HULL, 1987: 380). A religião mitraica, como se sabe, foi a religião persa dos adoradores do deus solar Mitra, popular em Roma na época cristã, e que concorreu bastante com o cristianismo. No referido manuscrito havia uma oração de um sacerdote de Mitra com frases quase idênticas às da fala delirante do paciente esquizofrênico de Jung:

> Após a segunda oração, vereis como o disco do sol se desdobra, e vereis pendendo dele o tubo, a origem do vento, e quando deslocais vosso rosto para as regiões do Oriente, ele para aí se desloca, e se deslocardes vosso rosto para as regiões do Ocidente ele vos seguirá (McGUIRE & HULL, 1982: 380).

Para Jung, foi muito importante que o paciente não tivesse conhecimento do mito e fosse uma pessoa de pouca cultura geral. Esse foi o primeiro exemplo para que mais tarde ele formulasse a teoria do *inconsciente coletivo e dos arquétipos*. Portanto, a presença do mito, isto é, dos mitologemas nas produções delirantes de esquizofrênicos está na própria gênese da teoria junguiana do inconsciente coletivo[21].

---

20. Veja o exemplo clínico do "paciente do falo solar" na entrevista de Jung (McGUIRE, W. & HULL, R.F.C., 1987: 380).

21. Para as mais atuais pesquisas sobre "o paciente do falo solar", Emile Schwyser, cf. Bair, 2006, p. 228ss.

Posteriormente, Jung descreveu teoricamente como se dá a presença do mito no dinamismo consciente-inconsciente[22]. A psique consciente é regida pelo pensamento dirigido, ou adaptativo, linear. *A psique inconsciente pelo pensamento circular, onírico, ou mitológico.* Portanto, o ego tem o pensamento voltado para a adaptação à realidade externa; é linear e funciona pelo mecanismo de associação de ideias racionais. *O inconsciente, como já mencionamos, opera pelo mecanismo associativo de imagens mitológicas.*

É importante lembrar que necessitamos dessa formulação da psicodinâmica dos mitos no pensamento inconsciente para explicar de forma adequada o achado do *paciente do falo solar*. Em minha opinião, considero insuficiente apenas apontar o fato da presença da ideia delirante no papiro mitraico de épocas pretéritas. Por que isso acontece? Estará correta a risível acusação de que os junguianos são partidários da teoria da reencarnação? Sim, porque *se o esquizofrênico moderno possui o mesmo conteúdo mental do sacerdote mitraico terá ele concretamente vivido àquela época?*

Mas se pensarmos que o pensamento circular mitológico do inconsciente trabalha por associações de representações arquetípicas mitológicas, assim como o pensamento adaptativo linear da consciência trabalha por associações lógicas de ideias, estaremos nos aproximando de uma explicação perfeitamente compreensível para o fenômeno. Sol, falo e vento são imagens mitológicas com proximidade fácil de perceber. O sol é fálico, fecunda e produz vida e germinação por toda a parte. Ele é capaz de produzir mesmo o dia. O vento é fonte das inspirações, sopra onde quer, é o

---

22. Jung (1912/1986, Parte I, cap. II: "As duas formas de pensamento").

Ruah hebraico, *Pneuma* grego, a fonte de inspiração das sibilas produzindo o sibilar das folhas do loureiro, a árvore sagrada de Apolo. Não é de se espantar, portanto, que as mesmas ideias arquetípicas se aglutinem para o pensamento em devaneio de um psicótico ou na prece religiosa de um sacerdote antigo. Essas representações se atraem mesmo, no inconsciente coletivo.

Temas míticos e a teoria da libido em Jung

É importante lembrar que a imagem do falo solar aparece em muitíssimas religiões e obras de arte. Apenas para citar as mais conhecidas, lembramos o deus egípcio solar Ra, com seu falo fecundante, as pinturas medievais de Ambrogiotto di Bondonni, o Giotto, com a Virgem Maria sendo fecundada pelo sol entre outros muitos exemplos. Diversos outros psicóticos incluem entre seus delírios o falo solar, sendo o mais conhecido Schreber, paciente importante para Freud e Jung.

Schreber foi um culto jurista alemão, que apresentava graves surtos psicóticos, permeados de imagens-delírios cheias de detalhes, os tradicionalmente chamados *delírios floridos*. Seus surtos surgiam quando recebia promoções em suas funções de jurista. Nos intervalos de melhora de seus surtos delirantes, escreveu *Memórias de minha doença mental*. Nessa obra, rica em detalhe de seus surtos, o autor descreve suas vivências psicóticas. Jung, nessa época trabalhando em colaboração com Freud, mostrou-a ao mestre. Schreber descreve sua atração homoerótica por seu médico: vê-se como mulher, nua, sendo fecundada *por um sol fálico*[23].

---

23. Freud, trabalhando os delírios homoeróticos de Schreber, construiu a problemática teórica da *síndrome paranoide*: a formulação inconsciente que é *negada*: "eu *não* o amo". E então *projetada*: "não, *ele* me ama". E depois, a *formação reativa, persecutória*, que encobre o amor homoerótico: "Não, ele me *odeia*!"

Jung ficou impressionado com a presença marcante de material mitológico nos delírios de Schreber, surgindo ali inclusive, novamente, o falo solar fecundante. A presença do material mitológico nas psicoses fez Jung não apenas propor a teoria do inconsciente coletivo e dos arquétipos, mas questionar o problema da libido exclusivamente sexual. O Círculo de Viena, que compunha o movimento inicial da psicanálise, tinha poucos psiquiatras, a não ser Tausk e o próprio Jung[24]. Era composto por Freud, neurologista, e a maioria do grupo de médicos clínicos que procuraram posteriormente a psicanálise (ROAZEN, op. cit.: 50). Penso, assim, que a falta de experiência com as psicoses terá sido importante na teoria da libido. Enquanto Freud deu à libido um tom exclusivamente sexual – por mais ampla que seja a acepção do termo sexual na segunda tópica de Freud – creio que devemos discutir a questão da libido como referência à psicopatologia; e, no caso, à esquizofrenia e ao mito como elemento organizador da teoria junguiana.

Jung percebeu, como já referido, a incidência dos mitologemas no delírio esquizofrênico; e a partir daí formulou a hipótese do inconsciente coletivo e dos arquétipos. Mas outro ponto, que quero debater aqui, é que a própria teoria da libido foi discutida a partir da observação das psicoses. Além do falo solar fecundante, outro delírio frequente – observado em Schreber e outros psicóticos – é *a ideia delirante do fim do mundo*. Schreber julgava de forma delirante que o mundo chegaria ao fim porque *seu ego estaria atraindo os raios do sol, roubando os raios solares de sua vitalidade e toda vida na terra cessaria*. Construiu o conceito de *raios de Deus, que seriam formados dos raios solares, fibras nervosas e espermatozoides* (cf. JUNG, 1912/1986, § 185, n. 22). A

---

24. Em *Irmão animal...* Roazen (1995) comenta a complexa relação de Tausk, Lou Andrea Salomé e Freud.

incidência desse tipo de delírio é bastante frequente, embora atualmente pouco evidenciada com o advento e a expansão das medicações antipsicóticas.

O psicótico apresenta as imagens psíquicas mais livres de censura da consciência. Segundo a teoria junguiana os frequentes delírios mitológicos de fim de mundo entre os psicóticos refletem o movimento de introversão excessiva da libido psíquica, sua introversão máxima, a perda de contato com o mundo externo. Portanto, as formulações de Jung sobre libido como energia psíquica partem de suas observações com psicóticos. Teoriza sobre as manifestações da libido como energia pura e simples em seu movimento de extroversão e introversão[25]. As manifestações mais simples e básicas desta energia seriam os ritmos, que estão presentes em movimentos repetidos dos rituais, da música, das batidas do coração, da respiração[26]... As observações clínicas das psicoses fundamentaram as conceituações basilares de Jung sobre o arquétipo e, nessas observações, os mitologemas dos delírios são fundamentais.

O mundo das psicoses é um mundo mitológico *per se*. Certa vez, trabalhando no Hospital Psiquiátrico Pedro II, atualmente denominado Nise da Silveira, encontrei um paciente extremamente regredido, que se escondia debaixo do leito, não querendo conversar com pessoa alguma, médicos ou pessoal da enfermagem. Insisti durante alguns dias, até que o paciente, saindo de sob o leito, mostrou-me um cigarro e pediu-me que eu o acendesse. Após tê-lo acendido ele disse, murmurando: "Doutor, nós somos esse cigarro, só que eu sou a parte acesa e o sr. é a parte apagada..."

---

25. Veja a justificativa detalhada de Jung para sua posição quanto à libido e psicoses em Jung (1912/1986, § 193-197).

26. Jung (1912/1986, parte II, cap. III: "A transformação da libido". Veja também as notas 15 e 16.

O paciente acabava de mitologizar intensamente nossa relação, representando-a pelo cigarro aceso. O fogo, representante arcaico da divindade, o fogo heraclítico, a sarça ardente de Moisés, tem papel importante nessa mitologização. *Quem está próximo de mim está próximo do fogo*, reza a frase do Novo Testamento. O fogo, símbolo arcaico da divindade[27], funcionou nesse caso como elemento catalisador do símbolo central da *psiqué*, o arquétipo do si-mesmo. O paciente esquizofrênico sentia-se próximo ao fogo, ao si-mesmo, e me via como a parte apagada do cigarro, junto ao princípio da realidade, representando o pragmatismo sobre o qual se poderia elaborar uma realização terapêutica construtiva.

Temas mitológicos e a teoria do inconsciente coletivo

A teorização fundamental de que o pensamento inconsciente é circular ou mitológico formaliza toda a conceituação junguiana dos arquétipos e do processo de individuação. O livro basilar de Jung, que formaliza seu rompimento com a psicanálise de Freud, *Símbolos da transformação* (1912/1986), é um exercício formal sobre uma série de imagens literárias e poéticas que uma viajante, a Sra. Miller, anotava em seu livro de viagem, em longos roteiros de navio pelo Oriente e pela Rússia.

A personagem principal dessas anotações literárias é o herói índio *Chiwantopel*, de Longfellow. O mito do incesto de Freud é criticado baseado no mitologema descrito por Frobenius em diversos povos africanos: o mitologema da *viagem noturna pelo mar*, o sol que nasce no Oriente é a figura de um herói, que morre no Ocidente e deve se purificar dos males do mundo pela viagem noturna submersa pelo oceano, renascendo no Oriente. O incesto, assim, seria a morte aparente, seria a morte necessária para a transformação da personalidade.

---

27. Bachelard pesquisou os símbolos do fogo em *A psicanálise do fogo*. Lisboa.

Naturalmente, a proposição de um incesto simbólico por Jung, ao lado do incesto neurótico tradicional, suscitou uma viva resistência na época. Isso levou Jung ao diagnóstico, que fez com relação a alguns de seus acusadores, de estarem possuídos pelo *complexo de Nicodemos*[28], sendo portanto incapazes de perceber a realidade de um incesto simbólico, mítico.

Para Jung, *o arquétipo do herói mitológico* constituiria o núcleo do complexo egoico, que vem a ser o centro da consciência. Portanto, os mitos de herói são basilares para se perceber a organização da consciência, sob o prisma arquetípico. Do ponto de vista da dinâmica do processo de individuação, o mito do herói configura a libido que flui no eixo ego-si-mesmo, organizando o ego, principalmente no curso dos chamados episódios de transição.

Os mitos estarão ainda presentes em todo o material descritivo da *psicologia dos arquétipos*, uma vez que a psicologia junguiana é uma psicologia da subjetividade com o *interior povoado*, como diz Stein[29] ou com *personificação*, como quer Hillman (1977). Os conteúdos psíquicos são, na psicologia analítica, personificados, não sendo apenas conceitos abstratos ou teóricos, como o *id*, inconsciente ou arquétipo; são personagens vivos internos, deuses (HILLMAN, 1977).

O mito e a prática clínica junguiana

Até aqui nos detivemos na importância do mito para a organização teórica da psicologia analítica. No que concerne *à prática clínica* as aplicações são fundamentais, já que o movimento da li-

---

28. Nicodemos: Personagem do Novo Testamento, incapaz de raciocinar simbolicamente. Quando o Cristo usa a metáfora "devereis nascer de novo para entrardes no Reino", Nicodemos se escandaliza e pergunta se as pessoas deveriam entrar de novo no ventre de suas mães para obter a salvação.

29. M. Stein se refere ao *interior povoado* da *psiqué* reportando-se aos complexos como personalidades múltiplas subjetivas do sujeito. In: STEIN, 2000.

bido inconsciente se dá por associação de imagens mitológicas. Desta forma, detectando a imagem que domina o quadro clínico de um paciente, podemos não só perceber o diagnóstico, isto é, qual a figura arquetípica mitológica que está dominando seu processo de individuação naquele momento, mas qual seu prognóstico e evolução. Isso porque se trabalha em psicologia analítica com o *processo de amplificação* criado por Jung.

O *processo de amplificação* é método terapêutico original e corresponde, na psicoterapia moderna, aos arcaicos modos de contar estórias que sempre existiram em todas as culturas. No ancestral *xamanismo*, por exemplo, sabe-se que os xamãs sempre utilizaram antigas lendas no tratamento de doenças mentais e físicas. É paradigmático o exemplo que Lévi-Strauss relata do xamã Cuna, do Panamá, que costumava entoar um mito tradicional, para facilitar o parto de uma paciente[30].

Em minha clínica, costumo utilizar três tipos de intervenção, selecionados de acordo com os graus de defesa ou regressão apresentados pelo paciente: a *interpretação direta*, a *interpretação aludida* (Kemper) e a *amplificação*. O primeiro deles é a *interpretação tradicional direta*, utilizada quando o paciente está em condições de ouvir a interpretação, isto é, quando se verificam condições adequadas para a interpretação que confronte diretamente o complexo emocional constelado. O segundo deles é a *interpretação aludida* – para utilizar a expressão cunhada por Kemper (1962) – que é uma referência indireta ao *complexo defendido*; trata-se de um meio caminho entre a interpretação tradicional e a *amplificação*, na qual se usa o mito clinicamente de forma mais explícita.

---

30. Lévi-Strauss. A eficácia simbólica, em *Antropologia estrutural* II [s.n.t.]. O autor narra como o xamã entoa um mito tradicional, e a parturiente, ouvindo a estória, que é análoga à anatomia de seu corpo, segundo Lévi-Strauss, tem parto facilitado. Cf. também Boechat, 2006b.

O terceiro deles é a *amplificação propriamente dita*, tal como proposta por Jung; é o *circumambulatio* (*andar em torno*) de uma área sensível, de uma ferida psíquica da qual devemos nos aproximar com cuidado, indo portanto em círculos, vez que, ao mesmo tempo em que é terreno sensível, é receptáculo do mistério. Essa área nunca poderá ser reduzida por uma singela explicação meramente lógica e racional.

Certa paciente, depressiva, vivia um casamento sem muitas perspectivas e tinha uma vida profissional vazia; quando em análise, descobriu nas técnicas expressivas, em especial a escultura, um caminho para seu desenvolvimento pessoal. De início, por resistência, tentou desvalorizar os objetos artísticos que criava com sua própria atividade manual. Essa desvalorização era parte de seu processo depressivo. A depressão se originou na infância, mais precisamente aos quatro anos de idade, quando a paciente foi vítima de sedução sexual e incesto. Sua depressão era tal, que qualquer interpretação de sua dificuldade em realizar um trabalho profissional adequado seria pouco eficaz; uma *interpretação aludida* seria do tipo: "como a sociedade industrial desvaloriza o trabalho manual e artístico em prol do trabalho puramente mental!" Uma *amplificação*, que foi a adotada, em virtude de sua intensa regressão na época foi uma referência ao *mito dos anões nos contos de fada*. Há o fato de que os anões estão sempre próximos de ouro e riquezas, como os anões do conto *Branca de Neve*[31]. Na mitologia do corpo, os anões são a representação mitológica da criatividade das mãos e a possibilidade de relativizar a consciência centrada unicamente no córtex cerebral, levando a consciência

---

31. O mitologema dos anões possuidores de ouro está presente em vários outros mitos, como os anões dos Niebelungos, no ciclo *O anel dos niebelungos*, por exemplo. Na mitologia grega, os anões aparecem em sua criatividade como os dácteis e cabiros.

para o corpo todo. A mitologia dos anões foi, portanto, uma *amplificação do processo de individuação* da paciente que nessa fase dependeu da consciência das mãos, complementando a consciência puramente cerebral. O trabalho manual veio em muito a reforçar todo o trabalho de elaboração da análise de seus complexos sexuais familiares não resolvidos, de infância, e só posteriormente a interpretação direta pôde ser integrada totalmente dentro do processo de individuação.

Conclusões e reflexão final

Percebemos neste capítulo um pouco da importância e significado dos mitos em todas as culturas em todos os tempos. Com papel central nas sociedades tribais e na Antiguidade, o mito não perdeu sua força organizadora das instituições e dos comportamentos na sociedade da Modernidade. Procuramos também demonstrar a presença dos mitos nas teorias psicológicas, principalmente na teoria da psicologia analítica de C.G. Jung. A *mitopoese da psique* faz-se sentir em cada pessoa por sua presença viva nos sonhos e fantasias. Faz-se necessário reconhecer sua presença nas psicoterapias. Jung procurou um método próprio de emprego das mitologias como técnica analítica, ao qual denominou *método de amplificação*.

Nos capítulos seguintes procuraremos demonstrar a presença de diversos mitos no cotidiano das pessoas da sociedade contemporânea.

2 Cosmogonia e antropogonia
As origens*

Trataremos do mito cosmogônico grego, assim como relatou o poeta Hesíodo. Nascido em Ascra, na Beócia, junto ao Monte Hélicon, consagrado a Apolo e às musas, Hesíodo faz interessante contraponto com o grande Homero, nascido quase dois séculos antes.

Enquanto o autor da *Ilíada* e da *Odisseia* fala de feitos dos heróis, seres superiores ao comum dos homens, possuidores da *Timé*, honra pessoal, e da *Areté*, a excelência, em constante contato com os deuses, sendo por estes ajudados ou sofrendo deles oposição, Hesíodo canta o trabalho como meio de aperfeiçoamento humano, e a justiça divina, *Diké*, como supremo bem.

Em sua *Teogonia*, fala não só da origem dos deuses e sua geração, estruturando assim a tradição guardada pelos versos da epopeia homérica, mas revela também, inspirado pelas musas, às quais reverencia, a origem do universo, criando uma verdadeira cosmogonia.

Do ponto de vista da psicologia analítica de Jung o mito cosmogônico é, em essência, o mito do nascimento da consciência. O

---

* Palestra no Congresso Internacional sobre Mitos, organizado pela Sociedade Psicanalítica do Rio de Janeiro em agosto de 1994, Hotel Glória, Rio de Janeiro. A palestra original sofreu diversas modificações e ampliações.

cosmo existe na medida mesmo em que existimos. A gênese do cosmos é a gênese da consciência.

Para clarificar as noções junguianas em relação à cosmogonia faz-se necessário que articulemos os conceitos de arquétipo e de inconsciente coletivo à mitologia. A perspectiva junguiana é uma constante *desliteralização* dos fatos do cotidiano, uma elaboração de eventos concretos através de uma atitude simbólica. A mitologia é muito útil nesta abordagem, visto que ela é constituída de imagens simbólicas. Como enfatiza J. Hillman, procuramos não uma *psicologização da mitologia*, mas uma *mitologização da psicologia*. Isto porque a atitude lógica e conceitual não é a mais importante e definitiva, mas sim a atitude simbólica, para a qual as imagens mitológicas muito podem contribuir.

Jung entende os arquétipos como as estruturas básicas do inconsciente coletivo, comum a toda a humanidade. Os arquétipos não são perceptíveis em si próprios, assim como a coisa kantiana, em si, não é perceptível. Percebemos, entretanto, as imagens arquetípicas, as manifestações destes arquétipos, ativados pelas experiências do cotidiano. As imagens arquetípicas, em sua emergência do inconsciente coletivo, plasmando percepções externas com estruturas existentes *a priori*, os arquétipos, são sempre simbólicas, isto é, contêm um aspecto conhecido, que remete à concretude do signo, e um aspecto desconhecido, sempre, como uma pedra preciosa de várias faces, que, por mais que a apalpemos, vemos apenas alguns dos lados, outros permanecendo desconhecidos.

As mitologias foram literalizadas na própria Grécia Antiga, como é sabido. Heródoto, no século VIII, foi talvez o primeiro a explicar mitos como fatos históricos[32]. Explicados como fenômenos derivados do curso solar, por Max Müller, ou como outros fe-

---

32. Veja capítulo 1, p. 17.

nômenos da natureza, ou evemerizados de uma forma ou de outra, os deuses clássicos chegaram até nós.

Freud procurou em uma das diversas versões do Mito de Édipo, preservada na tragédia sofocleana, as bases fundamentais para a estruturação da consciência. Jung procurou nos mitos as expressões do desenvolvimento psicológico ao qual chamou *processo de individuação*.

Percebemos assim, em nosso tempo, um resgate do aspecto simbólico do mito. Jung é bem enfático a este respeito quando declara que os deuses da Antiguidade não morreram, mas permanecem no inconsciente coletivo e, quando reprimidos, manifestam-se de forma patológica. O culto extático das drogas e do álcool na sociedade industrial apolínea ou a adesão compulsiva ao sexo grupal nos anos 1970 são fenômenos que podem ser lidos como uma manifestação patológica de Dioniso, *o deus do êxtase e do entusiasmo*. Hillman lembra que nossas aflições nos remetem a um complexo, que por seu turno aponta para um deus. Ou dizendo de outro modo:

> Nesse particular, a teoria, bem como a terapia arquetípica de Jung, é tradicional e grega. Pergunta ela: "O que existe na natureza mesma da minha perturbação e da minha aflição que é necessário, autoprovocado (causado pelo eu?)... Outras terapias... fazem a pergunta mais técnica do 'como', a terapia arquetípica faz a pergunta mais filosófica 'o quê' e finalmente a pergunta religiosa 'quem' qual deus ou deusa, que *daimon* está atuando internamente naquilo que acontece" (HILLMAN, 1992: 23-24).

Todas estas associações derivam do fato de os mitologemas representarem símbolos essenciais do processo de individuação, ou do desenvolvimento da personalidade, o processo "que leva o indivíduo a ser o que realmente é". O processo de individuação inicia-se com a diferenciação do ego dos conteúdos do inconsciente coletivo, ainda durante o período uterino, quando o ego nada mais é do que ilhotas de consciência que gradualmente se coalescem, formando uma unidade cada vez mais sólida. É este processo que aparece configurado nos vários mitos cosmogônicos[33].

Em sua *Teogonia*, Hesíodo canta que no início era o *Cáos*, o vazio primordial; depois veio *Geia*, a terra, *Tártaro*, a habitação profunda, e *Eros*, a força do desejo. O Cáos deu origem a *Érebo* (a escuridão profunda) e a *Nix* (noite). De Geia nasceram *Úrano* (o céu), *Montes* e *Pontos* (o mar) (BRANDÃO 1986: 183ss.)[34].

Kérenyi relata uma belíssima variação do mito cosmogônico hesiódico, preservada pelos órficos. A tradição órfica reza que princípio era a noite, Nix, um pássaro negro que depositou o ovo prateado primordial. Este ovo, em se abrindo, gerou Cáos. Segundo Kérenyi, Cáos quer dizer: *aquilo que se abre*. Sua parte superior é Úrano, o céu a parte de baixo, Geia, a terra. Do ovo primordial, nasce, brilhante, *Eros*, o *Protógenos, o primeiro nascido*[35].

Percebemos em ambas as cosmogonias uma predominância do mundo ctônio, o telúrico e obscuro. Em Hesíodo, a cosmogonia se desenvolve de baixo para cima, das trevas para a luz, do Cáos, passando pelos titãs e gigantes, até chegar à terceira gera-

---

33. Na verdade, o processo de individuação não é uma tarefa reservada à segunda metade da vida, como inicialmente se pensou. No terceiro mês de vida fetal, após a formação da retina do feto, a ultrassonografia já detecta o fenômeno R.E.M (*rapid eye movements*) indicando a *presença de sonhos*, portanto de psiquismo fetal. Certos sonhos do adulto podem dizer respeito a esse período de vida fetal. Vide meu artigo *Espiritualidade e finitude: as questões com o Self.*

34. Veja o detalhado comentário de Junito Brandão sobre a *Teogonia* de Hesíodo em Brandão, 1986, cap. IX: "A primeira fase do universo: do Caos a Pontos".

35. Veja Kerényi (1973, cap. 1.2. "Night, the Egg and Eros", p. 16).

ção divina, a dos olimpianos, regidos por Zeus, *o deus luminoso do céu* (BRANDÃO, 1986: 331).

A associação do inconsciente com o obscuro é imediata, assim como a luz é característica arquetípica dos processos conscientes. Estados patológicos limítrofes, nos quais se manifestam automatismos inconscientes, são denominados *crepusculares*, como *o estado crepuscular histérico*.

Entretanto, também a criatividade psicológica se dá em estado crepuscular; as intuições, as percepções novas que contrariam as repetições cansativas da consciência focada no dia a dia, brotam de fatores criativos do inconsciente.

Por isto se fala em análise em *regressão terapêutica*. Não se cria um novo cosmos sem se voltar ao Cáos, ou na metáfora alquímica tão cara aos junguianos: não se pode chegar ao ouro filosófico sem se voltar à *prima materia*. A experiência transformadora da análise pela transferência ou pelos sonhos se dá sempre pela emoção, mediada sempre pelo símbolo. Jung criticou sempre a ênfase exagerada na *Déese Raison* iluminista. Pontuou, ao contrário, o conceito, buscado em Paracelso, da *lumen naturae*, a luz da natureza, que brilha à noite como as estrelas.

Úrano e Geia constituem o primeiro casal parental cósmico, em coabitação perpétua. Úrano impedindo seus filhos de nascerem, os mantém no seio de Geia, até que ao deitar-se sobre ela é castrado pelo titã Crono, o filho caçula, que para tal faz uso de uma foice. Crono casa-se com sua irmã Reia e passa a reinar no universo.

Crono passa a comportar-se como seu pai, pois, como ele, foi advertido por presságios oraculares provenientes de Geia de que um filho seu iria destroná-lo. Passa então a devorar seus filhos tão logo nasciam. Novamente é o filho mais novo que irá, com auxílio de sua mãe, destronar o pai. No caso, é Zeus, que agrilhoa Crono e liberta seus irmãos devorados, fazendo Crono vomitá-los através de um líquido emético oferecido por sua irmã Méthis.

Consolidado seu poder, após dura batalha com os gigantes, a *Gigantomaquia*, Zeus casa-se com Méthis. O que consideramos da maior importância simbólica é que Zeus é advertido de que Méthis poderia dar à luz um sucessor seu, como diz o oráculo: "um jovem com coração de conquistador que será senhor dos deuses e dos homens". Assim advertido, Zeus se comporta exatamente como seus ancestrais Úrano e Crono: Zeus devora Méthis!

Zeus, o princípio do relativismo no politeísmo grego, *o pai dos deuses e dos homens*, como o chamou Homero, comporta-se aqui exatamente como seus ancestrais masculinos das duas gerações anteriores, devorando os filhos, inseguro e temeroso de renovação. A narrativa mitológica revela de forma clara o que Freud chamou de compulsão de repetição.

Na verdade, verificamos, desde o primeiro par arquetípico dos pais do mundo Úrano e Geia, uma interessante polarização entre o arquétipo da Grande Mãe, Geia, ou posteriormente Reia, e os arquétipos masculinos Úrano, Crono e Zeus. O arquétipo da Grande Mãe é a matriz original, o arquétipo do inconsciente em seu aspecto estático, como lembra Jung citando Fausto, de Goethe: *o reino das mães*.

Já Úrano, Crono e Zeus simbolizam o dinamismo do arquétipo do masculino, sempre se movendo em direção à consciência, mas se inserindo nas dimensões do espaço e do tempo. Daí constante temor da sucessão temporal, a atitude agressiva de castrações e devoramentos. Este movimento contrasta com a imobilidade da Grande Mãe, a senhora atemporal dos oráculos, imutável.

O aspecto fálico, mental e penetrante do arquétipo do masculino lhe dá também características de temporalidade. Daí ser o arquétipo do espírito ligado à tradição, e às expressões como *Zeitgeist*, espírito do tempo, e espírito burguês do Brasil, por exemplo.

O movimento de devoramento filicida, típico da tradição cultural falocêntrica, tem, entretanto, um fim. Zeus sente uma intensa cefalalgia, após o devoramento de Méthis. São as dores do parto, pois de sua cabeça nasce a *mulher semelhante a um homem*, prevista pelo oráculo: é Palas Atená, totalmente armada para o combate, em armadura fulgurante.

Dentro de uma leitura arquetípica, chamaríamos Atená de uma figura de *Anima*, a *Anima* de Zeus. A *Anima*, a feminilidade inconsciente do homem, preside seu processo de individuação. Só após a elaboração da *Anima*, a atitude de devoramento competitivo típico do padrão patrilineal cessa, e um equilíbrio reina entre os olímpicos, com seis deuses e seis deusas, sob a égide de Zeus.

A cosmogonia de Hesíodo revela o drama mítico do surgimento da consciência numa série de imagens arquetípicas. Já na primeira geração divina se organiza a primeira estrutura arquetípica após o Cáos das origens: são os pais do mundo, Úrano e Geia, mitologema frequente em várias mitologias.

Os *pais do mundo* vão aparecer na mitologia egípcia, com o pai Geb, a terra, em coabitação perpétua com a mãe Nut, o céu estrelado. Para separá-los e para que o processo de criação tenha sequência, aparece Shu, a atmosfera, que cumpre aqui a tarefa do titã Crono. A cultura nagô africana tem a tradição dos pais originais em coabitação num jarro redondo, a cabaça, Obatalá, e Oduduá, no princípio do universo.

O motivo dos *pais do mundo* é motivo arquetípico, e está presente na noção psicanalítica da *cena primal*. Naturalmente, a cena primal não fala na verdade de vivências concretas que a criança tem de seus pais tendo sexo, mas da fantasia que tem deste fato, e da importância destas fantasias para a organização da personalidade.

O matricídio e o parricídio simbólicos são fundamentais para o gradual estabelecimento da identidade como ser separado já nos estágios iniciais do processo de individuação. Assim a consciência pode evoluir das trevas iniciais para a luz, do Cáos a Zeus, do teratomorfismo ao antropomorfismo (Junito Brandão).

Entretanto, no processo analítico, é importante não dissociarmos de nossas origens, de nosso *Caos* original, pois somente dele pode se estruturar um novo *cosmos*. Por isto toda análise do inconsciente é uma anamnese, um processo de reconstrução, não uma anamnese profana, mas um recordar sagrado, um autêntico *epistrophé, retorno às origens*, regresso às ideias arquetípicas fundamentais.

Por isto os gregos cultuaram *Mnemósine*, a deusa memória, patrona do conhecer e do re-conhecer. Por isto Hesíodo, no início de sua *Teogonia*, faz um canto de louvor às musas, protetoras do Monte Hélicon, onde pastoreava seu rebanho. As musas não são apenas inspiradoras da arte poética, mas como filhas de Zeus e Mnemósine, a memória sagrada, presidem também a própria arte da *epistrophé*. Devemos resgatar, portanto, as nossas cosmogonias, integrando a luz da consciência às obscuridades das origens.

3 Mitos e arquétipos do masculino*

No Congresso Internacional de Psicologia Analítica ocorrido em agosto de 1992, na cidade de Chicago, inúmeros analistas junguianos, provenientes de várias partes do mundo, se reuniram por oito dias. Como em qualquer congresso, houve conferências e uma intensa troca de ideias e experiências.

Alguns eventos da programação, entretanto, chamaram-me a atenção de forma especial. Entre eles, seguindo a tradição norte-americana, foram realizados encontros dinâmicos chamados *almoço para homens* e o *almoço para mulheres*.

No almoço para homens, foi possível encontrar-me com um grande número de analistas de vários países e culturas, com grande diversidade de personalidades e modo de ser. Em diversas mesas, cerca de setenta homens, alguns conhecidos meus – ainda de minha formação no Instituto C.G. Jung em Zurique – e outros inteiramente desconhecidos, formavam grupos heterogêneos de conversação.

O canadense Gui Corneau promoveu uma dinâmica grupal para homens. Numa primeira etapa, nós nos reunimos em mesas,

---

* Capítulo anteriormente publicado no livro por mim organizado *Mitos e arquétipos do homem contemporâneo*. Está aqui publicado com diversas alterações.

onde os participantes – preferencialmente de nacionalidades diferentes e que não se conhecessem anteriormente – trocariam ideias de forma livre, espontânea. Posteriormente, os grupos das diversas mesas se puseram de pé, dando-se as mãos, e participaram de uma fantasia dirigida. Numa última etapa, aqueles que assim o desejassem poderiam expressar o que haviam sentido.

Minhas sensações foram bastante significativas. Foi curioso estar almoçando, atividade básica, nutritiva, corporal, em meio a homens somente, a grande parte deles desconhecida.

Sempre associei o alimento e o comer ao feminino (leia-se *arquétipo da Grande Mãe*) ou ao *seio* kleiniano. Nossa cultura é realmente dominada pelo arquétipo da Grande Mãe, poderosa, doadora, encoberta pelo tênue verniz do patriarcalismo. Daí continuarmos ainda a ser ao mesmo tempo, e defensivamente, o país dos coronéis.

Na verdade, no Brasil contemporâneo, como na América Latina em geral, o arquétipo do pai não se manifestou ainda em sua plenitude, como portador do *logos spermatikós* – como disse Jung certa vez –, a palavra criadora. O pai é quem molda a consciência coletiva, e isto já foi internalizado pelos povos europeus que passaram por uma Idade Média e puderam vivenciar um *renascimento*.

Em nossa cultura, ao contrário, o arquétipo do masculino (ou do pai) é vivenciado concretamente como regimes ditatoriais extremamente repressivos e pela figura dominadora do coronel do interior. Estes pensamentos ocorriam-me enquanto dialogava com colegas, em sua grande maioria da Europa e Estados Unidos, em culturas bastante diversas de nosso meio latino, brasileiro.

Entretanto, em se tratando de estruturas psíquicas do *inconsciente coletivo*, estas seguem dinâmicas básicas arquetípicas, essencialmente iguais, com roupagens diversas de acordo com cada grupo cultural. Na problemática do masculino, há um princípio arquetípico que opera nas diversas culturas de forma mais ou menos previsível.

No Ocidente civilizado, há atualmente um crescente movimento de emancipação da mulher. Esse movimento cultural coloca em cena a busca de novos papéis para a mulher – e para o homem. O referencial teórico de Jung, com seu conceito de *anima*, a tonalidade feminina do inconsciente do homem, e seu equivalente na mulher, o *animus*, é de enorme valia na apreciação de tais mudanças.

Naquele momento, então, eu participava daquela dinâmica grupal *para homens* com enorme curiosidade, pois sempre soube da ampla literatura em psicologia, antropologia e ciências sociais sobre o feminismo e decepcionei-me até agora com a carência de material publicado sobre o *novo homem* que acompanha as transformações da mulher moderna.

Sim, acho vital falar-se do novo homem, pois, se a mulher ganha novos espaços no universo político e profissional, ela está sempre interagindo com o homem dentro daquele modelo arquetípico que Jung denominou o *quatérnio do casamento*, mulher-homem-*animus-anima*.

O quatérnio do casamento foi a estrutura usada por Jung para explicar as bases arquetípicas da relação transferencial em psicoterapia; é uma estrutura arcaica já detectada pelo antropólogo Layard (s.d.) nas formas típicas de *casamento de primos cruzados*, entre povos pré-letrados.

A questão da escolástica medieval *mulier habet animam?* realmente não tem mais guarida na cultural atual, pelo menos conscientemente. A mulher tem espírito sim, liderança e criatividade. É verdade que para ganhar estes novos espaços ela necessita da cooperação do novo homem. Ele coopera e ao mesmo tempo é transformado pela nova mulher.

Na verdade a questão do masculino surge em seguimento às conquistas do movimento feminista. Que homem é este que *cede lugar* ao invés de reprimir como a tradição do patrismo exige? Este será um homem com uma relação bastante criativa com sua *anima*, sua feminilidade inconsciente. Assim, o feminino externo, concretizado na mulher, não o ameaça, mas antes é um apelo para uma integração.

Dentro de várias culturas ditas modernas a dinâmica do *animus* e da *anima* permanece a mesma em sua raiz por ser arquetípica. Pensei nisto quando levantei-me e formei um círculo com vários colegas próximos, como fora pedido de acordo com o processo de mobilização.

Em seguida demo-nos as mãos e fechamos os olhos, iniciando o método de imaginação dirigida. O contato corporal entre homens – as mãos dadas – se tornou objeto de reflexão, e, pelos comentários posteriores, mostrou ser a vivência que mais mobilizou. Várias associações deixaram claro como o contato corporal entre homens se tornou tabu.

O corpo, a expressão material da personalidade, é nossa matéria perceptível. É *mater-ia*, pertencente ao universo do maternal-feminino. Ficou claro a dificuldade de contato corporal entre os homens. As associações mais marcantes foram para mim a de um analista americano, a barba branca, aparentando já uns setenta anos.

Disse ele que lhe causava enorme estranheza segurar por tanto tempo as mãos de dois outros homens. Ser afetivo significava dar as mãos, e desde cedo fora educado para ser afetivo com mulheres somente, num contexto de virilidade e sexualidade dominadora. O ser afetivo com homens representava um outro universo: o estar em contato com sua afetividade genuína. E, em seguida, disse: "sempre fui educado para competir com homens, para superá-los; já superei muitos homens, *já matei vários homens...*"

Ouvi aquilo como um soco em meu estômago. Aquele homem falava da morte concreta de outros homens, intencional, típica de nossa cultura, a morte derivada da guerra. Pela sua idade, supus ser a Segunda Guerra Mundial, e não o Vietnã. A guerra, a competição masculina arquetípica elevada em nível nacional, acompanhada de morte coletiva, a morte de ideologias que lutam contra outras...

A mitologia é um sonhar coletivo dos povos. Os temas míticos retratam situações humanas básicas, arquetípicas, como as chamou Jung. O tema da competição masculina traz-me à mente não somente os inúmeros exemplos de pacientes que sofrem a ameaça de castração pelo pai, mas de forma particular o mito da cosmogonia de Hesíodo.

Por que lembro-me especialmente deste mito? Toda cosmogonia mítica, vista psicologicamente, é na verdade a formação da consciência. A Grécia Antiga fantasia a criação do universo; na verdade, o ego que se estrutura é o mundo que se forma.

O comportamento humano segue padrões que podem ser compreendidos de forma mais ou menos nítida pelos chamados arquétipos. Todos os seres humanos, independentemente de raça ou origem cultural, possuem os mesmos arquétipos, estruturas básicas da mente humana, os conteúdos do inconsciente coletivo, como o chamou Jung.

Na verdade, o tecido do qual são feitos os sonhos, as fantasias e a imaginação é o mesmo, pois é constituído pelos arquétipos.

Os arquétipos constituem e são responsáveis pela faculdade mitopoiética da mente humana, a sua faculdade criadora de mitos. Na conceituação de arquétipo, Jung lançou mão de disciplinas afins à psicologia, como o estudo de religiões comparadas, contos de fada e mitos. Nestas expressões simbólicas da alma coletiva pode detectar imagens semelhantes às encontradas em seus próprios sonhos e de inúmeros pacientes.

É neste momento que a mitologia e a psicologia dão-se as mãos. Os mitologemas, os núcleos constitutivos de todo mito, constituem expressões imagéticas dos arquétipos, que são, em si mesmos, incognoscíveis. O mitologema do herói que enfrenta o monstro, e, superando-o, obtém a mão da princesa, expressa o drama psicológico de homens e mulheres que, heroicamente, buscam superar aspectos indiferenciados da personalidade (monstro) para uma integração do inconsciente criativo ou *anima* (princesa).

Nada melhor do que os mitos, portanto, para descrever as possibilidades do masculino, ou os arquétipos masculinos. O que estamos fazendo é uma psicomitologia do masculino, favorecendo uma melhor compreensão do novo homem que deve surgir, segundo meu entendimento, a partir da nova mulher, e do movimento feminista, que agora já amadurece mais e torna-se mais criativo, proporcionando, ou mesmo induzindo, de forma sutil (feminina) a que o homem reflita sobre si mesmo, e procure se transformar, adequando-se aos novos tempos do relacionamento de inteireza de homem-mulher.

Desejo voltar aqui às poderosas imagens da genealogia de Hesíodo que discutimos no capítulo 2. O que nos parece da maior importância, tanto mítica quanto psicológica, é que Zeus reage exatamente da mesma forma como seus ancestrais Crono e Úrano, quando ameaçado pela sucessão temporal: Zeus devora Méthis!

Aqui se configura a problemática sombria dos arquétipos do masculino, a constante competição, característica da cultura machista, a incapacidade de criatividade e originalidade. As várias gerações repetem a atitude de devoramento, de pai para filho.

Freud denominou este constante impulso ao repetir *compulsão de repetição*, o instinto de morte, a essência da neurose.

A narrativa mítica fornece, entretanto, uma possível saída para este aprisionamento do masculino devorador. Zeus vem a sentir, tempos depois, uma terrível cefalalgia. Sua cabeça dói porque ele sofre as dores do parto, pois dela nasce, já vestindo armadura e portando lança, a favorita de seu pai-Zeus, Palas Atená. "A mulher semelhante a um homem" (Homero), que fora profetizada pelo oráculo, finalmente nasce.

Dentro de uma leitura arquetípica da psicomitologia, Atená representa o arquétipo da *anima*, a capacidade de fantasiar e de imaginar que brota da mente masculina. No momento em que este brotamento ocorre, os sucessivos devoramentos cessam, e o equilíbrio se instala no Olimpo.

A configuração do panteão grego corresponde grosso modo a um processo histórico gradativo, segundo nos relata o Prof. Junito Brandão, em seu primeiro volume de uma série de três, intitulado *Mitologia grega*, e publicado pela Editora Vozes. Hordas dos povos hindo-europeus provenientes do centro da Europa e adorando deuses masculinos, cultuando a guerra, domadores de cavalos, dominaram facilmente os povos agrícolas do litoral do Peloponeso e regiões vizinhas. A influência oriental e cretense no politeísmo grego é responsável pela presença marcante de deusas mães, do arquétipo da Grande Mãe em diversas configurações. Esta realidade histórica é um espelhamento do equilíbrio que se estabelece entre os olímpicos: seis deuses e seis deusas.

Historicamente, portanto, há culturas de patrismo (povos indo-europeus) e de matrismo (Creta). Será possível uma integração destes dois princípios? A possibilidade desta integração aparece na imagem mítica do nascimento de Atená da cabeça de Zeus. Este nascimento mágico representa a constelação do arquétipo da *anima*. Somente a partir deste confronto com o feminino subjetivo pode o homem libertar-se da compulsão a devorar que o próprio patrismo lhe impõe.

No próprio Mito de Édipo o devoramento filicida aparece, mas é pouco valorizado. Freud preocupou-se com a temática do parricídio – Édipo mata seu pai Laio – e do incesto – casa-se posteriormente com sua mãe Jocasta.

Entretanto, deixa-se comumente de lado os inícios da narrativa mítica. Laio, tal como seus longínquos ancestrais míticos Úrano e Crono, comporta-se como pai filicida, dentro da legítima linhagem dos arquétipos masculinos dentro do patrismo. Consulta o Oráculo de Delfos – novamente o oráculo! – e este prevê que sua esposa dará à luz um filho que o matará e o sucederá, casando-se com sua própria mãe. Laio logo providencia a morte de Édipo, tão logo este nasceu. Por várias intercorrências, Édipo acabou exposto no Monte Citerão, escapando da morte por filicídio, sendo depois recolhido por seus pais adotivos.

Quando posteriormente Édipo encontra um estranho no *trivium*, a estrada de três caminhos, com ele luta e o mata sem saber que se tratava de seu próprio pai. Este parricídio inconsciente é mais valorizado que o filicídio consciente anteriormente praticado. Diversos autores têm denunciado o problema do filicídio no patrismo, Alice Miller e Raskowski entre outros.

Como anteriormente referi, a saída para o impasse da tirania dos arquétipos masculinos é pela integração da *anima*. O homem que se relacione de modo cada vez mais consciente com sua feminilidade inconsciente, que se manifestará como criatividade, imaginação e sensibilidade, é o homem do futuro, que poderá questionar os padrões neuróticos de repetição e devoramento.

É minha opinião que os movimentos feministas em muito têm contribuído para a reflexão sobre a necessidade deste novo homem. A nova mulher tem influenciado de forma sutil – feminina! – o reposicionamento do homem, que busca uma posição nova e mais interativa na cultura atual.

Neste contexto, é significativo que surjam associações em bom número no Primeiro Mundo para o estudo do comportamento masculino. Mesmo no Brasil, já surgiu a Associação Brasileira de Pesquisa sobre o Comportamento Masculino, na PUC-Rio. Isto sem mencionar diversas publicações de bom nível que procuram refletir sobre a individuação do homem. Acho significativo que esta preocupação cultural com o masculino só surja de forma significativa após o esforço de transformação cultural exercida pela mulher mais conscientizada.

Ficamos, pois, aguardando a vinda deste novo homem antecipado pelo mito. E já sabemos e pressentimos que a mulher atual veiculará este homem que esteja livre da compulsão devoradora, e esteja em paz com sua sensibilidade.

Mas podemos perceber pela narrativa hesiódica a importante polarização entre o arquétipo do pai e o arquétipo da Grande Mãe. Este último é estático, material, autocontido. Por contraste, podemos conceber o masculino arquetípico como intrusivo, penetrante e mental.

Jung sempre caracterizou o arquétipo do masculino como ligado ao desenvolvimento da consciência, tanto em homens quanto em mulheres, enquanto que o arquétipo do feminino é normalmente associado ao inconsciente (*o reino das mães* – Fausto).

Na *Teogonia* de Hesíodo o arquétipo do masculino, ao contrário do feminino, está nitidamente submetido à temporalidade. Há sempre a ideia de submissão pela nova geração e o medo da perda de poder temporal. Na verdade o arquétipo do pai está sempre associado à cultura e à tradição. O "arquétipo do espírito" pertence à esfera do masculino e se opõe ao arquétipo do feminino, associado à concretude material. A natureza cultural do espírito está mesmo associada a certas expressões, como *espírito do tempo* (*Zeitgeist*), ou *o espírito burguês no Brasil.*

O masculino, quer se expresse pelo arquétipo do pai ou pelo *animus*, guarda suas características de ser penetrante, criativo, transformativo, o *logos spermatikós*, assim como o chamou Jung.

O homem cria seu próprio mundo através da conquista da natureza, normalmente atribuída ao feminino; a consciência, de natureza masculina, se desdobra a partir da palavra e do discurso (*logos*) diferenciando-se gradualmente do inconsciente, *o reino das mães*.

Greenfield (1985), enfatizando a relação do masculino com a criação da consciência, colocou em relevo o fenômeno da personificação do arquétipo, procurando ainda distinguir aspectos dele. Destacou a autora diversos aspectos do masculino: o menino, o Don Juan, o *trickster* (embusteiro) picaresco, o herói, o pai e o velho sábio. Considero capital esta valorização do importante fenômeno da personificação, que é espontâneo dentro do processo de individuação de homens e mulheres.

O menino é também chamado por Jung (1941), von Franz e outros autores pós-junguianos de *puer aeternus*, denominação dada por Ovídio a Cupido, enquanto deus-menino, filho de Vênus. O *puer* personifica bem o masculino em estado nascente, emergente no psiquismo, sem poder fálico de penetração e conquista a não ser pela sedução que exerce pela sua própria fragilidade.

As diversas configurações mitológicas irão mostrar o *puer* sempre associado a uma Grande Mãe: Adonis e Afrodite, Attis e Cibele, Tammuz e Astarte, Eros e Afrodite. Estas associações com grandes deusas orientais caracterizam o brotamento inicial do espírito ainda imerso no inconsciente, dependente, sem volição. Naturalmente o *puer aeternus* morre cedo dentro da sucessão temporal, sendo *aeternus* apenas enquanto *puer*. Filhos da Grande Mãe terra são frequentemente associados a flores que vicejam submetidas ao fluxo das estações, logo morrendo, como morrem Jacinto, Adonis, Narciso.

As ideias mitológicas estão associadas aos fenômenos da natureza e ao mesmo tempo expressam os arquétipos do inconsciente coletivo. Sendo elas simbólicas, permitem vários planos de interpretação; são polissêmicas, e o arquétipo *puer* representa ao mesmo tempo imagem mítica, acontecimento natural e condição psíquica.

Do ponto de vista do estudo das neuroses, o arquétipo do *puer aeternus* é por demais complexo, aparecendo na clínica sob as mais diversas roupagens. Infantil, dependente, apegado à mãe, como sua configuração mítica, o *puer* recusa-se a crescer, a ser responsável, a sujeitar-se à sucessão temporal, como já o fizera Dorian Gray na obra de Oscar Wilde. Dificuldades na identificação sexual são frequentes no homem preso ao complexo do *puer aeternus*.

Hillman (1979) procurou descrever outra conecção do *puer* que não o da Grande Mãe, chamando-a de constelação *puer-senex*. Aqui o espírito jovem se organiza em função da renovação do velho, o *senex*. O eixo *puer-senex* é vertical, espiritual; o *puer aeternus* perde-se nas concretudes e materialidades da mãe. O *senex*, enquanto espírito tradicional, saturnino, necessita do jovem puer para vitalizar-se; este último procura a madura sabedoria do *senex*. Cria-se assim uma polarização necessária à renovação psíquica que iremos encontrar frequentemente nos processos transferenciais. O aspecto de verticalização espiritual é necessária para o desenvolvimento pleno do masculino, e esta relação vertical *puer-senex* é pedra angular no seu desenvolvimento.

Um paciente procurou-me com queixas de dificuldade de relacionamento. Embora bem postado profissionalmente, na faixa dos trinta anos, sua busca de identidade sexual o fazia sofrer enormemente. Em seu trabalho, quando encarregado de transmitir ensinamentos a subordinados à sua área, o fazia extremamente bem, mas, paralelamente ao aspecto técnico de seus ensinamentos, desenvolvia normalmente intensa amizade por seus estagiários, em sua maioria de mesmo sexo. Mantinha constantemente relações homossexuais, sempre com pessoas externas ao trabalho; seu homoerotismo dentro da instituição não era sexualizado.

Entretanto, pelo trabalho de reconstrução, foi percebida a *grande ausência de autoridade* em sua casa. Tanto o pai quanto a mãe se mostraram extremamente omissos desde sua infância. A ausência do pai como agente iniciador do paciente em sua masculinidade é determinante em sua compulsão na vida adulta em "iniciar" outros, seja profissionalmente, intelectualmente, seja mesmo sexualmente, em suas relações homossexuais, onde sempre adotou a postura ativa.

É importante, sempre que nos detemos no problema arquetípico da iniciação, recorrermos a dados da antropologia. Jacoby (1971) lembra que em diversos grupos de pré-letrados na África a iniciação na puberdade é feita de modo singular. Os adultos da tribo iniciam o púbere nas leis e nos mitos tribais, retirando-os do mundo da mãe e abrindo-lhe o mundo masculino pelo coito anal; é uma iniciação *per anum*. Isto devido às propriedades mágicas do sêmen, agente masculino transmissor do saber, uma concretização do próprio *logos*.

Este relato antropológico ilustra a situação analítica, no contexto daquilo que Jung denominou *amplificação*. A história pessoal do paciente torna-se assim coletiva, arquetípica e adquire significado. O paciente, no caso, sem contato com pai pessoal, encarna compulsivamente o pai arquetípico iniciador, iniciando intelectualmente no local de trabalho, sexualmente em sua vida sexual privada, transitória, vivida com grande culpa e nenhuma autorrealização.

Mas, lembrando que a análise é em essência um processo de iniciação, iremos perceber na transferência a continuação desta vivência arquetípica e uma ótima oportunidade para elaborá-la. É uma oportunidade de elaboração porque na transferência está sendo repetido a essência do fenômeno da estruturação do masculino, porque eu, como analista, represento o pai arquetípico iniciador. O paciente vivencia assim o papel de iniciando que não desempenhou na infância, torna-se aos poucos livre do pesado fardo do desempenho compulsivo do arquétipo do pai. A inversão patológica da díada *puer-senex* cede gradualmente lugar à estruturação normal do masculino via transferência.

O paciente citado apresentou no decurso do processo analítico diversas feridas típicas do *puer aeternus* além do sofrimento com a incessante busca de identidade sexual. Uma recusa permanente em entrar na temporalidade do amadurecer foi uma constante. Um apego a um retrato antigo em carteira de identidade, uma cirurgia facial não tão necessária expressaram a busca da eterna juventude. O analista funcionando todo o tempo como figura do pai temporal pode criar uma tensão transferencial perigosa. Estes foram elementos a serem elaborados.

A figura de Don Juan conquistador é bastante conhecida como tipificando a imaturidade masculina. Seu falicismo obcecado esconde seu homossexualismo mal resolvido, em mulheres fugidias disfarça-se a mãe. A ópera *Don Giovanni*, de Mozart, traz de forma clara as dificuldades com o pai, o princípio do *logos*, na estruturação do ego, na enorme tensão entre Don Giovanni e o comendador, pai de uma de suas seduzidas. São bastante conhecidos o assassinato do comendador por Don Giovanni em duelo e seu reaparecimento como estátua de pedra, que precipita o sedutor nas chamas do inferno.

O motivo da petrificação-estátua de pedra demonstra a inviabilidade de interação do ego com o arquétipo do pai. Este é vivenciado apenas como punitivo, e seus aspectos estruturantes fundamentais não são integrados.

A figura de Don Juan se mistura com a configuração do *trickster*, símbolo arquetípico descrito por Jung (1954). O arquétipo do *trickster* é tomado da antropologia. Paul Radin descreveu a presença desta curiosa figura entre os índios norte-americanos Winnebago. Sem limite ou qualquer lei senão o seu próprio desejo, o *trickster* representa a antítese de valores culturais estabelecidos e integrados pela consciência coletiva em forma de rituais. Na verdade, ele aparece mesmo nestes rituais personificando a antítese da atitude esperada, tristeza nos casamentos e nascimentos, alegria na morte.

Estranhos relatos descrevem o comportamento dissociado do embusteiro *trickster*. Mesmo seu corpo não é uma unidade, separando-se frequentemente em partes autônomas. Seu falo deixa o corpo e fecunda uma mulher, após atravessar um rio da aldeia.

Na verdade, o embusteiro personifica o arquétipo da inversão, trazendo à tona tudo o que é recalcado culturalmente. A festa cultural que atualmente caracteriza sua presença é o carnaval. As fantasias coloridas e multivariadas representam aspectos do arquétipo da sombra pessoal e coletiva que durante as festividades são expressas publicamente.

Esta manifestação catártica do arquétipo da sombra tem efeito benéfico sobre a consciência coletiva. A sensualidade é vivenciada de forma brincalhona, a agressividade e destrutividade latentes no inconsciente são manifestadas de forma lúdica, em fantasias que expressam mais do que disfarçam.

Culturalmente, o embusteiro tem a função terapêutica de conectar a cultura com seus núcleos instintivos mais profundos, impedindo assim que ela se torne desenraizada. Esta curiosa figura arquetípica, sendo um conteúdo do inconsciente coletivo, irá aparecer de forma variada nas mais diversas manifestações culturais, e não apenas como o *trickster* Winnebago. Na literatura, aparece como o herói picaresco espanhol; no teatro, é o bobo da corte em *Rei Lear*. Aqui, Shakespeare descreve de forma admirável como o embusteiro, personificado pelo bobo, compensa a consciência coletiva desgastada e dissociada de seus próprios valores, personificada pelo velho rei. Na literatura brasileira, aparece como Macunaíma, *o herói sem nenhum caráter*.

Assim como coletivamente o embusteiro tem um valor terapêutico, também assim é sua psicodinâmica em nível do indivíduo. O *trickster* representa o masculino emergente, trazendo valores inaceitáveis para a *persona*, mas que vitalizam o ego desenraizado do instinto.

Como todo símbolo, o *trickster* expressa uma polissemia ambígua. Renovação de consciência, espontaneidade, vitalidade e criatividade acompanham certas constelações deste arquétipo na consciência. Outras vezes, entretanto, o ego é ameaçado de dissociação, em estados de intensa regressão. Encontrei estas situações ambivalentes em pacientes extremamente criativos, mas incapazes de se relacionar com qualquer limite da persona, a começar pelo próprio contrato terapêutico.

O arquétipo do herói representa a própria energia psíquica que transita entre o arquétipo do si-mesmo e o ego. Entre as personificações do masculino é a mais geral, oscilando desde o *puer aeternus* até ao pai. Apenas o *velho sábio*, por sua transcendência e seu aspecto cósmico, escapa a um caráter heroico.

O herói por sua natureza está associado aos *ritos de passagem*, centrais na estruturação da consciência. Otto Rank preocupou-se com a psicologia do herói, associando-o à grande passagem do nascimento. Winnicott, com seu conceito de *fenômeno transi-*

cional, procurou descrever as transições vitais na organização da consciência.

Os ritos de passagem descritos por van Gennep, em nível social, correspondem ao fenômeno transicional de Winnicott, no desenvolvimento do ego individual. Em ambas as situações, o arquétipo do herói desempenha papel central.

Atendo-nos ao indivíduo, o fenômeno transicional é uma passagem do ego de nível de consciência a outro mais diferenciado. É um fenômeno energético. O herói, atuando no eixo ego-si-mesmo, proporciona à consciência a energia necessária para uma adaptação ao novo estado de ser.

Os vários rituais de passagem, desde o nascimento físico do indivíduo (Rank), passando pela separação do seio (Winnicott) e as diversas outras transições até a morte, constelam o arquétipo do herói.

O modelo mítico mostra sempre o mitologema do herói que mata o monstro. Este mitologema configura a estruturação da consciência a partir do inconsciente. A morte do monstro simboliza o domínio ou repressão de impulsos instintivos primitivos. Configura-se aqui a oposição instinto-cultura definida por Freud.

Entretanto, há mitos de epopeias personificadas por heroínas. Estas normalmente não matam o monstro, mas, ao contrário, casam-se com ele. O conto de fadas *A Bela e a Fera* ilustra bem esta situação, também configurada no Mito de Eros e Psiqué.

Estas variações míticas parecem indicar que há outros modelos de estruturação da consciência que não a do *ego heroico* (HILLMAN, 1977). O modelo típico de ego ocidental, dissociado dos instintos, parece não ser o único.

É provável que a heroína, como mulher, personifique uma possibilidade da tão buscada *coniunctio oppositorum* alquímica, a união dos opostos, a última e mais difícil das operações, pois representa a união do inconsciente e do consciente, objetivo final do processo de individuação. A heroína estrutura a consciência, pois perfaz o ato heroico; ao mesmo tempo, seus valores são do inconsciente, pois pertence ao domínio do feminino, da emoção.

O herói, enquanto arquétipo, existe enquanto há tarefa externa que o constele, enquanto haja rito de passagem, ou transição.

J. Campbell descreveu o que chamou o *monomito*, o ciclo mitológico típico de todos os heróis, um uróboro fechado sobre si próprio[36].

O uróboro do herói inclui nascimento mágico, separação, iniciação por espírito tutelar, feitos mágicos, *hýbris* (o pecado do orgulho) seguido de punição, morte e apoteose.

É muito importante lembrar que o monomito inclui a morte do herói, após cumprida sua tarefa. Psicologicamente, o correlato disto é que o arquétipo do herói volta ao inconsciente, cessada sua tarefa. Devemos simplesmente deixá-lo ir. Uma identificação com o arquétipo do herói produz o fenômeno patológico da inflação, encontrado com bastante frequência em nossos consultórios. A inflação caracteriza-se por uma onipotência inteiramente dissociada da realidade, por uma tentativa persistente em construir o real não de acordo com os limites do possível, mas segundo os impulsos do desejo individual.

Como já mencionamos, o arquétipo do herói permeia todas as manifestações do masculino, em sua tarefa arquetípica de estruturar a consciência. Entretanto, o arquétipo do pai tem uma especificidade muito maior.

---

36. A palavra *monomito* é neologismo criado por James Joyce. O termo aparece em *Finnegans Wake*. Sobre o ciclo do herói cf. o cap. 4: "Perseu, o arquétipo da reflexão".

O pai, como terceiro elemento, é fundamental na estruturação do ego. Freud descreveu a estruturação da personalidade infantil criando uma verdadeira mitologia do corpo (lembrando sempre que mitologia é uma verdade psíquica). Nesta mitologia, baseada nos orifícios corporais, haveria três fases básicas do desenvolvimento oral, anal e fálica. Numa leitura arquetípica, o arquétipo da Grande Mãe está associado à fase oral, a *anima* e o *animus* à fálica e o arquétipo do pai ao estágio anal.

Com os inícios do domínio da musculatura esquelética do ânus, musculatura voluntária, instaura-se o arquétipo do pai em nível corporal. O domínio da evacuação e da micção já caracteriza a manifestação do princípio da lei, do permitido e do proibido, já no primeiro ano de vida.

Logo após ocorre a bípede-estação que provoca a polarização cabeça-genitais, associada ao que Freud chamou de *polo anal*, simbolicamente tão importante na dinâmica corporal. Dentro de todo este dinamismo, inicia-se o milagre da fala.

A transição da esfera do arquétipo da mãe para o arquétipo do pai é da maior importância. Nos primeiros meses a criança engatinha, seu corpo junto ao solo-mãe. A passagem da horizontalidade para a verticalidade da bípede-estação assinala em nível corporal, visível, a operosidade do arquétipo do pai. É uma fase delicada, pois novo agente arquetípico está entrando em cena.

Já presenciei uma situação clínica na qual o paciente procurou terapia após inúmeras tentativas de curar uma vertigem recorrente, diagnosticada como labirintite. No processo de reconstrução de sua história passada, verificou-se que o paciente não tivera a experiência do engatinhar, tão importante na transição para o andar. Tão logo era iniciado o engatinhar, uma mãe ansiosa e aparentemente prestativa sustentava a criança no colo.

Suas vertigens, já adulto, demonstravam sua dificuldade espacial, que, na verdade, expressavam uma dificuldade psicológica em integrar um fenômeno transicional.

O pai, como portador da palavra e do espírito, certamente é, como denominou Jung, um *logos spermatikós*. A relação com o pai pessoal se dá em nível abstrato, ao contrário da concretude da relação com a mãe.

O grande problema cultural atual com o pai, o pai ausente, está relacionado à afirmação de Nietzsche: *Deus está morto*, na medida em que se perdeu o contato com o arquétipo do pai na cultura.

Não existem mais valores culturais confiáveis, a cultura, em crise, procura instintivamente novos mitos no inconsciente coletivo para se reorganizar. O pai coletivo se ausenta, assim como o pai individual foi destronado. Na ambiguidade do pai, que é tanto devorador como Crono, quanto necessário e estruturador, procura-se uma saída dentro dos aspectos multiformes do masculino.

O arquétipo do velho sábio parece personificar esta solução. A figura do velho sábio não é uma elaboração filosófica, mas sim uma constante nos mitos contos de fada e sonhos de pacientes em análise. É uma figura arquetípica determinada, personificando o arquétipo da reflexão.

Tenho observado em clínica a constante aparição de sonhos com o velho sábio no início da análise. Num sonho inicial de análise, por exemplo, uma paciente viu uma figura venerável, semelhante ao mesmo tempo a mim e ao seu avô, na janela de um apartamento próximo. Distante o sol se punha, dando uma tonalidade dourada à cena.

Sonhos como este, no início do processo terapêutico, reforçam a questão levantada por Samuels (1990) sobre o perigo da hierarquização dos arquétipos. Pensa-se que o processo de individuação ocorreria da superfície para o núcleo da *psiqué*, *persona*, ego, sombra, *anima*, velho sábio, si-mesmo, sendo o si-mesmo o mais importante dos arquétipos.

O velho sábio aparecendo logo no início do *opus* demonstra que não se pode dar maior importância a um arquétipo que outro. A *persona*, por exemplo, é vital na estruturação do ego.

A constante aparição do velho sábio no início do trabalho analítico se deve ao fato de, no meu entender, a pessoa procurar sair da *compulsão de repetição*, e para tal *reflete*. Neste instante da procura da análise, há a constelação do arquétipo do velho sábio.

O sábio aparece nos mitos e lendas aconselhando o herói, pouco antes deste se lançar na tarefa sobre-humana. Personifica o masculino em seu mais alto grau de diferenciação, o espírito que *sopra onde quer* e produz as mais sutis e eficazes transformações psíquicas.

4 Perseu: o arquétipo da reflexão*

A saga de Perseu pertence ao motivo arquetípico do herói, tão específico nas diversas mitologias. Junito Brandão[37], Joseph Campbell (1973), Kérenyi (1974) e outros trataram *in extenso* da temática do herói. O herói, aquele que nasceu para servir, sempre filho de uma divindade e um mortal, tem sempre características específicas, desde sua vinda ao mundo.

A origem de Perseu é mágica e cercada de mistério, como a de todos os heróis. Sua história começa com a luta violenta de seu avô, Acrísio, com seu irmão gêmeo Preto, pelo trono de Argos. Acrísio é vencedor, mas acaba cedendo o trono de Tirinto para Preto.

O motivo dos gêmeos é tema importante dentro da perspectiva junguiana, pois já consteia a problemática dos opostos, essencial dentro do processo de individuação, quer se processe ele dentro dos padrões da normalidade, quer da patologia. Os opostos psicológicos personificados pelos gêmeos representam a tensão de energia psíquica necessária para que o próprio processo vital tenha lugar.

---

* Capítulo anteriormente publicado no livro por mim organizado: *Mitos e arquétipos do homem contemporâneo*. Está aqui publicado com alterações.
37. Brandão, 1987b (As citações das passagens míticas, mesmo quando não especificamente mencionadas, são extraídas desta obra).

Os gêmeos encerram sempre oposição: um mortal, outro imortal (*Castor* e *Polux*); um rei vitorioso, outro desterrado (*Acrísio* e *Preto*). Os polos de opostos se referem à própria organização da consciência; o *complexo egoico*, como centro da consciência, se estrutura à medida que seu oposto, a *sombra*, também se organiza como uma contraparte inconsciente.

O arquétipo da sombra nos acompanha durante todo o processo existencial; na verdade, pode ser considerado como um equivalente da ideia grega antiga do *Synápodos*, "aquele que anda atrás". O processo de individuação ativado pela análise do inconsciente não consiste num *livrar-se* da sombra, mas num contínuo confrontar-se com ela. O confronto Acrísio-Preto já prenuncia o início de um processo de individuação, que, no caso, será coroado pela emergência da figura do herói Perseu já em terceira geração.

Do casamento de Acrísio com Eurídice nasce Dânae; consultado o oráculo, há o anúncio de que se Dânae gerasse um filho, este mataria seu avô. Acrísio, atemorizado, encerra Dânae em câmara de bronze subterrânea para que não tivesse contato com homem algum.

Tais recursos de isolamento sexual nunca são eficazes e Dânae é engravidada, segundo algumas versões, pelo seu próprio tio Preto; segundo outras, de forma mágica: o próprio Zeus se apaixonou pela bela princesa e a fecundou em forma de uma chuva de ouro. Esta última forma de fecundação parece referir-se à crença antiga do poder fertilizador da chuva ou mesmo dos raios solares.

Ambas as versões podem ser consideradas, pois, como lembra Junito Brandão (1986: 25), as variações são *o pulmão do mito*. Do ponto de vista psicológico, a temática edípica está presente na obscura figura de Preto, presumível sedutor de Dânae e representante da figura do pai.

No tocante à figura central do mito, Perseu, a figura paterna permanece entretanto distante, quer seja o desterrado e sombrio

Preto, quer seja o etéreo Zeus, que aparece apenas de forma simbólica como chuva de ouro. Entretanto, o nascimento de Perseu obedece à temática típica dos heróis, com duplo nascimento, um incerto pai terrestre e um pai divino. Esta já é uma característica heroica.

O *duplo nascimento* já prenuncia o processo de individuação, pois, do ponto de vista da psicologia analítica, o nascimento humano refere-se ao nascer biológico, à estruturação do ego como centro da consciência, enquanto que o segundo nascimento diz respeito à integração na consciência dos processos existentes em potencial ao nível do arquétipo do si-mesmo; há nesta conceituação junguiana um paralelo com o conceito aristotélico de *enteléchia*, da forma como estrutura teleológica da substância.

Dânae é expulsa de Argos com seu filho recém-nascido ao se saber que infligira o édito real. É lançada ao mar em arca junto com Perseu. Encontramos aqui o clássico motivo da *exposição da criança* no mundo antigo. Brandão (1987b: 239ss.) discorre sobre o significado do abandono de crianças no mundo grego. Frequentemente eram aleijados ou pessoas rejeitadas pelo grupo social, que se tornavam verdadeiros *pharmakói, purificadores das faltas da comunidade*. Quando salvos da exposição em situações agrestes, tornavam-se, entretanto, verdadeiros intocáveis, sagrados e portadores de *mana*. Há, portanto, uma analogia próxima entre a exposição e a psicologia do bode expiatório, tão frequente na família e na sociedade contemporâneas que Sylvia B. Perera explorou em detalhe (PERERA, 1986).

A exposição da criança foi também discutida por Jung[38], que viu no arquétipo da criança divina um símbolo do arquétipo do

---

38. Cf. Jung (1941/2000: 151ss., especialmente § 285ss.: "O abandono da criança").

si-mesmo ou arquétipo central, que organiza todo o processo de desenvolvimento da personalidade.

O simbolismo da criança, visto sobre o ponto de vista da psicomitologia ou das imagens arquetípicas, não pode ser reduzido a um mero infantilismo, ou a uma regressão patológica. Todas as religiões, e não só o politeísmo grego, falam de um deus-criança, muitas vezes exposto (basta lembrar a fuga do menino Jesus para o Egito). Esta parece ser uma ideia arquetípica pertencente ao inconsciente coletivo.

Tomando como ponto de partida uma perspectiva arquetípica, o terapeuta junguiano é, portanto, extremamente cuidadoso na interpretação de imagens da criança surgidas em sonhos ou fantasias, considerando não só o aspecto infantil que podem representar, mas lembrando também que podem estar representando processos criativos e transformadores do arquétipo do si-mesmo. O arquétipo da criança representa a criatividade, um recomeço, a *futuridade* per se.

A criança Perseu inicia, com sua exposição, seu trajeto mítico. É uma exposição que ocorre em local muito particular, a água, elemento de polaridade de vida e de morte, um verdadeiro *amníon* (invólucro) que guarda e protege muitos dos expostos (BRANDÃO, 1986: 79).

A água relembra o princípio materno; ela remete ao próprio *amníon*. Além disso, é importante lembrarmos que a mãe de Perseu, Dânae, o acompanha em pessoa em sua exposição e também o acompanhará até o final de seu ciclo mítico. Este é um fato bastante importante, ao qual retornaremos ao final de nossa exposição.

O herói-criança e sua mãe escapam das águas chegando à Ilha de Sérifo, local governado por um rei de nome *Polidectes*, nome que, segundo Caroly Kerényi, quer dizer *o recebedor de muitos*. Este nome teria o mesmo significado que *Polydegmon*, um dos diversos epítetos de Hades ou Plutão, em sua condição *de recebedor das almas dos mortos* (KERÉNYI, 1974: 48).

De acordo com esta interpretação, Perseu já teria iniciado sua *katábasis*, ou descida ao reino dos mortos, trajeto de todos os heróis, uma descida iniciática para uma posterior restauração, com renovação da consciência.

Aliás, não é esta a condição necessária para qualquer processo terapêutico? A neurose que leva muitos a procurar a análise já pode ser uma necessidade íntima de transformação e renovação psíquica. Por isto Jung referiu-se por diversas vezes ao fato de grande parte de seus pacientes apresentar uma problemática de fundo religioso. O próprio processo transferencial seria, em linguagem mítica, uma *katábasis*, um *abaixamento do nível mental* (P. Janet) necessária para que a transformação psicológica ocorra.

Perseu e Dânae são recolhidos por um personagem humilde, embora irmão do rei, de nome *Dictis* (que quer dizer *rede*) que os protege em sua habitação, permitindo a Perseu crescer e se tornar homem jovem forte e esbelto. Nesta condição, Perseu irá proteger sua mãe do constante assédio sexual do Rei Polidectes[39].

Por ocasião de um banquete, Polidectes convida vários súditos e todos lhe ofertam um cavalo, com exceção de Perseu, que tomado de súbito orgulho promete trazer ao rei, se este assim o desejar, a cabeça da Medusa. Polidectes imediatamente aceita a oferta, vendo na impossível tarefa uma oportunidade de livrar-se de Perseu, obstáculo entre ele e Dânae.

---

39. Ocorre aqui um fenômeno curioso: a repetição da temática dos irmãos inimigos, Dictis e Polidectis, que já encontramos no início da trama, com os reis Acrísio e Preto. Novamente Perseu se move entre o choque de opostos irreconciliáveis. A duplicidade é fenômeno de processos inconscientes na personalidade *borderline* e mesmo psicótica (ambivalência). A permanência dos opostos próximos reforça o parentesco de Perseu com o mundo das sombras.

Todo herói conta com auxílio sobrenatural na execução de suas tarefas. Após o nascimento miraculoso, há uma separação da mãe e do grupo de origem, seguida de uma iniciação por espíritos tutelares. Só após esta, o herói está apto a realizar seus feitos mágicos. É então vítima frequente de descomedimento, da *hýbris* ou *pecado do orgulho*, sendo punido pela justiça divina[40].

Na execução de seus atos mágicos o herói realiza um processo de retorno ao ponto do qual partiu, realizando um verdadeiro *uróboro*.

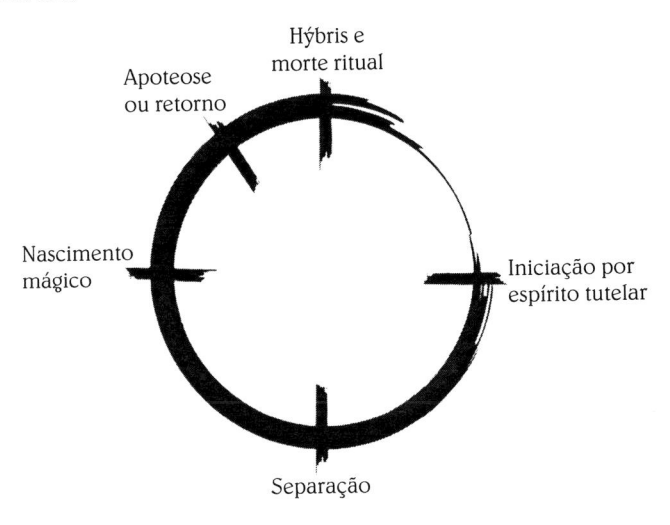

[Diagrama circular com: Hýbris e morte ritual (topo); Apoteose ou retorno (superior esquerdo); Nascimento mágico (esquerda); Iniciação por espírito tutelar (direita); Separação (base)]

Figura 1: Ciclo Perseu

O uróboro, significando *o comedor de cauda*, termo alquímico antigo representando o eterno recomeçar, fora da linearidade do tempo da consciência, já indica os movimentos do herói como

---

40. O herói cumpre o ciclo mítico apenas esquematizado na figura 1. Joseph Campbell (1973) denominou esse ciclo de o monomito (cf. cap. 3).

simbólicos. Na interpretação da psicologia analítica, os feitos heroicos representam o movimento da energia psíquica no eixo ego-si-mesmo, com o fim de estruturar a consciência. Cada feito heroico está ligado aos fenômenos de transição (Winnicott), onde cada vez mais o ego se organiza como entidade separada do inconsciente.

Perseu, separando-se de sua mãe, contará com ajuda dos espíritos tutelares, Hermes e Atená. Hermes é o grande mediador entre os três níveis, o Olimpo, a terra e o Hades; deus da comunicação e das hermenêuticas ocultas, é também o deus que, ainda criança, rouba o gado de Apolo, tendo características de transição entre a obscuridade e a clareza apolínea. É o deus psicopompo, guia dos mortos para o Hades, características obscuras que conferem a seu protegido Perseu uma intimidade com o mundo das trevas ou do inconsciente. Neste particular, Perseu contrasta bastante com outros heróis solares, Herácles, por exemplo.

Atená, deusa da inteligência, nascida armada da cabeça de Zeus, é, tipicamente, *uma mulher como se fora um homem* (Homero). Deusa voltada para a luz é a clássica protetora dos heróis, como Aquiles, Diomedes e Orestes, o que vingou o sangue paterno. Portanto, a atuação de Perseu situa-se entre o inconsciente (Hermes) e a consciência (Atená).

Os deuses protetores dão ao herói objetos para a execução de sua tarefa. Atená lhe oferece um escudo semelhante a um espelho, e o aconselha a não olhar a Górgona de frente, pois seria petrificado imediatamente; o olhar deve ser indireto, visualizando-se sua imagem no escudo. Hermes lhe dá uma espada, tão cortante como o alfanje que Crono usara em tempos antigos para castrar Úrano.

A primeira prova é a passagem pelas entidades chamadas *Greias*, as que já haviam nascido velhas, nos confins do oceano, onde nunca chegava a luz solar. Eram em número de três, e possuíam somente um olho, e por isto montavam guarda ao caminho em turnos, estando duas dormindo e uma vigilante, com o único olho. Somente as Greias sabiam o caminho até as Górgonas, e também como chegar a certas ninfas que propiciariam meios para derrotar a Medusa.

Perseu se apossa do olho da Greia que vigia a passagem e promete devolvê-lo caso seja informado do caminho até às ninfas e às Górgonas. Facilmente obtém estas informações, e das ninfas obtêm o capuz da invisibilidade de Hades, sandálias com asas que permitiam que voasse, e uma espécie de alforje denominado *quíbisis*, para transportar a cabeça decapitada da Medusa (BRANDÃO, 1986: 81). As sandálias aladas tornam Perseu semelhante às próprias feiticeiras, em sua capacidade de percorrer todas as direções do espaço: o ar, a terra e a água, percorrendo os elementos. Representam uma defesa homeopática contra o inimigo.

Assim munido de todo seu arsenal mágico, Perseu chega até a habitação das Górgonas, Esteno, Euríale e Medusa; delas, só a última é mortal. Perseu paira voando sobre Medusa e contempla sua imagem no escudo polido que lhe dera Atená.

O herói evita assim o olhar direto sobre a Medusa, que o transformaria em pedra. Este é o motivo central de todo o mito. Consegue assim decapitá-la, e do pescoço do monstro saem o gigante Crisaor e o cavalo alado Pégaso, ambos frutos de um concurso amoroso da Górgona com Posídon, o único a aproximar-se dela (BRANDÃO, 1986: 82)[41].

O confronto de Perseu com a Medusa é o núcleo deste mito e consideramos importante determo-nos em detalhe em seu sentido arquetípico.

---

41. *Posídon*, o deus cavalo, tem especial conexão com *as águas de baixo*, os rios infernais, daí ser ele capaz de se aproximar da Górgona.

Em primeiro lugar, qual o sentido do símbolo Medusa? J.-P. Vernant lembra que as diferentes formas de figurar o divino incluem o uso de máscaras. Segundo Vernant, Medusa, Ártemis e Dioniso são os poderes ritualisticamente configurados como mascarados (VERNANT, 1988: 11-12).

A máscara, com sua característica plana e perfurada, separa um do outro, a *identidade* da *alteridade*. A alteridade, elaborada por Platão com seu conceito do *tó héteron*, representa o outro, imaginário ou real, necessário para a existência mesma do pensamento. Esta elaboração do gênio de Platão permite a síntese criativa da ontologia de Parmênides (*identidade*) com o Devir heraclítico (*alteridade*). Na verdade, a preocupação com a dialética identidade-alteridade começa mesmo antes, com os pitagóricos e sua categorização entre números ímpares (identidade) e pares (alteridade).

Pode-se dizer que na cultura grega a problemática da alteridade se apresenta semelhante a dois eixos perpendiculares um ao outro, formando um ponto central. Ártemis é a responsável pela alteridade no plano horizontal, já que delimita o *eu-outro* no tocante à proteção aos adolescentes e à diferenciação sexual e seus hábitos na puberdade; à caça, pois corre pelas florestas delimitando o urbano do selvagem, na guerra, delimitando os códices, para que esta não degenere em pura carnificina.

No eixo vertical, temos em Dioniso uma *ascensão* para o alto pelo êxtase e entusiasmo da experiência religiosa e orgiástica; em Medusa, finalmente, uma descida para baixo, uma *alteridade radical*, o outro absoluto, a morte, a petrificação em local no qual o sol jamais alcança (VERNANT, 1988: 36-37).

A extrema alteridade configurada pela Medusa não mais representa o outro homem, mas *o outro do homem* (J.-P. Vernant), isto é, a morte real ou, no nosso entender, a morte em vida, *o estado psicótico*.

Este importante eixo de horizontalidades e verticalidades é essencial para a existência da cultura grega, e talvez de qualquer outra cultura, em se tratando de um fenômeno arquetípico de limites entre o eu e o outro – lembrar a extrema xenofobia de povos aborígenes, um movimento antiexogâmico compensatório ao tabu de incesto que é antiendogâmico.

Aliás, a tragédia Ifigênia em Táuris de Eurípedes revela Ifigênia como sacerdotisa de Ártemis, sacrificando *estrangeiros* em Táuris em honra da deusa.

Imaginamos no entrecruzamento destes dois importantes eixos um ponto central. Quem o ocupa? Dioniso, o espaço de seu teatro, sua máscara ou *Prósopon*, onde o imaginal se manifesta. Mas este é um tema específico para Dioniso.

A Medusa é representada com face monstruosa, sempre de frente, cabelos em forma de serpente, orelhas como as de boi, língua para fora. J.-P. Vernant lembra que a Górgona pare como as doninhas, pela boca. É o estado caótico do inconsciente, com inversões e deformidades que desafiam qualquer lógica racional.

O tema da petrificação pelo olhar é significativo do ponto de vista psicológico. Referimo-nos anteriormente aos estados psicóticos. A petrificação nos traz à mente estados de extrema regressão, pacientes paralisados em estupor catatônico, formas esquizofrênicas das mais graves.

Discordamos de Freud, que em seu ensaio de 1922, *A cabeça da Medusa*, compara a petrificação com a rigidez da ereção. A visão da Górgona seria para o pai da psicanálise *a visão dos genitais da mãe* (FREUD, 1940/1973: 273). Tal interpretação nos parece bastante redutiva e simplificadora.

Slater, seguindo um referencial psicanalítico, mas abordando o mito de forma mais sofisticada em seu excelente *The glory of Hera*, discorda de Freud, lembrando que o imobilismo e petrificação não podem ser associados à ereção e potência, mas, ao contrário, à *impotência* (SLATER, 1971: 321-322). O autor traça curiosa comparação mítica entre a espada com a qual Perseu decapita a imagem arquetípica da mãe-terrível e o instrumento bastante semelhante com o qual Crono castrou Úrano. Em ambos os casos temos uma vivência de *cena primal*, como a denominou Freud; no caso de Crono, elaborada pela castração do pai; no caso de Perseu, pela castração da mãe, ou melhor, pela sua *dessexualização*.

Podemos associar aqui à figura da mãe arquetípica Medusa a própria mãe pessoal (usando um termo da psicologia analítica) de Perseu, Dânae, pelo importante fato que esta não se afasta do herói em sua exposição no oceano e é por ele protegida contra o assédio sexual de Polidectes. Veremos, adiante, que mesmo ao fim dos seus feitos heroicos, mesmo após a liberação da princesa Andrômeda, Perseu traz Dânae em sua companhia de volta a Argos.

Dânae, durante todo o mito, é resguardada em sua pureza, ou melhor, *dessexualizada*. Um dos aspectos de Perseu seja talvez a representação da necessidade da criança de separar o sexual do maternal para elaborar o impulso edípico. Na verdade, o assédio de Polidectes (irmão de Dictis) é uma repetição do assédio de Preto (irmão de Acrísio). Câmara de bronze, arca no mar, ou a oposição de Perseu são formas de manter a dessexualização.

Vimos anteriormente que Perseu, como protegido de Hermes, tinha um acesso particular ao mundo das trevas; seu confronto com a Medusa tem algo de homeopático, no sentido de que *o semelhante cura o semelhante*. Isto é, só um herói com as sandálias aladas que o capacitassem a mover nos três níveis da água, do ar e da terra (assim como a arquifeiticeira Hécate) ou com o capuz da invisibilidade, próprio do senhor dos mortos Hades, poderia derrotar a Medusa.

A. Baldi chega mesmo a sugerir uma identidade entre Perseu e Hades, partindo da etimologia do termo latino *persona* (máscara, papel), que seria derivado do etrusco *Phersu*, idêntico a *Perseu*, que significaria *o mascarado* (apud VERNANT, 1988: 62ss.).

Já J. Brandão segue Carnoy na pesquisa etimológica do nome Perseu, cuja origem não é conclusiva, mas teria o significado de *sol nascente* (1986: 73). Em ambos os casos, sol nascente ou mascarado, a proximidade com a obscuridade é nítida em Perseu, ou seja, sua íntima relação com o inconsciente.

Tendo colocado a cabeça da Medusa em sua *kíbisis*, o herói partiu para Sérifo. Passando pela Etiópia, encontrou o país assolado por um flagelo. A rainha local, Cassiopeia, esposa de Cefeu, julgou-se mais bela que a própria deusa Hera. Como castigo, Posídon enviou um terrível monstro que assolou o país. Consultado o oráculo, a resposta foi que somente a filha do rei, Andrômeda, fosse exposta em rochedo, como sacrifício expiatório ao furor do monstro.

Neste instante, chegou Perseu, que se apaixonou pela bela vítima. Fez um pacto com Cefeu, para que cedesse sua filha em casamento tão logo a libertasse. Embora o herói tenha vencido o monstro e liberado Andrômeda, tal promessa não é cumprida por estar Andrômeda já prometida em casamento a seu tio Fineu.

Ao descobrir Perseu a traição, e sendo também ameaçado de morte, mostrou a cabeça da Górgona a Fineu e seus comparsas, petrificando-os.

O mesmo expediente de petrificar inimigos será utilizado por Perseu ao retornar à Ilha de Sérifo e encontrar sua mãe Dânae em constante ameaça por Polidectes. Este constante *petrificar ao invés de ser petrificado* mostra que a libido destrutiva da mãe-terrível já foi incorporada ao ego. Imagem evidente disto é o fato da cabeça da Górgona ornamentar o escudo de Atená, sendo pela deusa da inteligência usado em combates com gigantes e forças obscuras.

A liberação de Andrômeda constitui episódio típico do mitologema do herói; após feitos mágicos, libertará a princesa de um monstro ameaçador. Do ponto de vista arquetípico, a *anima* é diferenciada do arquétipo da Grande Mãe. A vivência arquetípica do *coniunctio*, fundamental no processo de individuação, toma lugar.

Entretanto, o mito, como linguagem simbólica do inconsciente, permite diversas abordagens. Tavares (1990) enfatiza as figuras masculinas e femininas que povoam a narrativa mítica. Enfatiza o fato, também lembrado por Slater, que Dânae é presença constante, do início ao fim do mito, e o pai apenas tenta intermediar a relação com a mãe, sem muito sucesso. As figuras paternas, Acrísio, Díctis, Zeus, Polidectes, ou são distantes ou são eclipsadas.

"Portanto, em Perseu, a recusa (*Verleugnung*) também acontece em relação à *imago* paterna. Ou seja, *existe um pai que não existe*. Existe um pai que está *eclipsado, interditado*" (TAVARES, 1990 – itálicos do autor).

Segundo o autor, esta recusa em relação à lei paterna é fundamental para *a estrutura perversa*, o que o leva a considerar o Mito de Perseu *uma variante do complexo de Édipo*, pois no caso ocorre uma clivagem do ego e também do superego.

De acordo com esta interpretação, a permanência da mãe pessoal do herói mesmo ao final do mito, junto com a esposa Andrômeda, e a *interdição do pai* apontariam para uma estrutura perversa da personalidade.

Entretanto, julgamos importante lembrar que a *mãe* de Perseu tanto é Dânae quanto a própria Medusa, do ponto de vista simbólico. Se a mãe pessoal do herói o acompanha em sua exposição e posteriormente em seu retorno, este fato não contradiz a elaboração do arquétipo da Grande Mãe destrutiva representado pela Górgona.

Concordamos com a interessante interpretação de Slater, que vê a decapitação da Medusa como uma elaboração da cena primal pela *castração da mãe*, ao contrário do episódio da castração de Úrano por Crono, quando a cena primal tem sua resolução pela *castração do pai*.

Achamos válida esta abordagem, lembrando sempre que tanto a *cena primal* quanto a *castração* foram consideradas por Freud como *protofantasias*, e o conceito de protofantasia ou *herança arcaica* que Freud mencionou, mas não aprofundou ou pesquisou, são equivalentes ao conceito de Jung de *ideia arquetípica*, ao qual devotou a maior parte de seu trabalho teórico.

De uma forma ou de outra, Perseu deve ser considerado, sob o ponto de vista psicológico, como o arquétipo do herói, embora sua proximidade com as *trevas* possa nos remeter a uma estrutura perversa, na qual a interdição paterna, luminosa, dos valores da consciência sejam pouco atuantes.

A chuva dourada fecundante de Zeus é um símbolo muito apropriado para o pai atuando em nível arquetípico, de forma numinosa, sem passar pelo processo que Neumann (1973a) chamou de *personalização secundária*, fundamental para a estruturação do ego sadio.

A *personalização secundária* refere-se ao processo pelo qual as estruturas arquetípicas são gradualmente destituídas da libido *numinosa* do inconsciente coletivo, incorporando-se em figuras concretas à medida que o ego se estrutura, organizando-se como o centro dos processos mentais conscientes. Assim o arquétipo do pai tende a personificar-se no pai pessoal, pelos mecanismos de projeção e introjeção. É frequente em clínica, com pacientes psicóticos ou fronteiriços, encontrarmos situações graves nas quais, não se processando a personalização secundária dos arquétipos parentais, estes aparecerão como deuses, ou imagens arquetípicas, sendo de difícil elaboração pelo ego, ou pelo analista, dentro de uma transferência psicótica.

O motivo da decapitação da Górgona leva à liberação de Pégaso, cavalo alado e branco, símbolo ascensional de ganho da consciência. Mais tarde o próprio Pégaso será utilizado por outro herói, Belerofonte, para destruir o monstro Quimera. A própria liberação de Andrômeda fala de um processo de integração da *anima*, dentro de uma ótica junguiana.

A integração da *anima*, o *mysterium coniunctionis*, é o dinamismo central no processo de individuação. Se, como refere Jung, as primeiras projeções da *anima* são sobre a mãe, quando a *anima* aparece como princesa processa-se uma elaboração do incesto patológico. Caminhamos aqui de Medusa-Dânae para Andrômeda.

Não estamos nos referindo naturalmente à mulher concreta que será unida ao homem, mas à conjugação simbólica dos pares de opostos, ego e si-mesmo, *persona* e sombra, consciente e inconsciente. Esta mesma ideia arquetípica aparece em todas as religiões, a união de Cristo com sua Igreja, por exemplo.

O *tema da reflexão* permeia todo o mito. Este problema foi bastante valorizado por Jung, que foi bastante ousado na ênfase da reflexão e sua importância para a diferenciação psicológica dos indivíduos. Chegou mesmo a considerar a reflexão como um dos instintos básicos do ser humano. Seriam *cinco categorias* de instinto: *fome, sexualidade, impulso à ação, reflexão e, por último, um instinto para a criatividade* (JUNG, 1937/s.d., § 236-246).

Estes grupos de atividade instintiva explicam-se pelo fato de Jung considerar o instinto dentro de padrões de comportamento, assim como Lorenz os classifica na etologia. Os cinco agrupamentos de instintos considerados por Jung são análogos aos padrões de comportamento animal de Lorenz, respectivamente: fome, reprodução, agressão e fuga. Pode-se considerar o impulso à ação ou 'a atividade como correspondente ao padrão de agressão, a reflexão como um paralelo arquetípico ao instinto de fuga.

Jung tece estas correspondências nos lembrando que a reflexão é, seguindo a etimologia, um *reflexio*, um inclinar-se para trás. O *reflexio* e a criatividade são pois duas atividades instintivas básicas do ser.

O olhar indireto, a reflexão no espelho, o ver e ser visto são temas que acompanham Perseu em todo seu percurso. Ovídio relata uma variação do enfrentamento do monstro que ameaça Andrômeda: este é enganado porque ataca um reflexo ou uma sombra de Perseu nas águas, e é pelo herói destruído (OVÍDIO, apud VERNANT, 1988: 118).

Perseu só pode destruir a Górgona utilizando o escudo polido de Atená. Somente pela capacidade de reflexão, o inclinar-se para trás, poderemos sair de nossas fixações da libido que nos petrificam.

Há uma analogia direta entre *petrificação* e *psicose*. Mesmo na história da psicanálise, os resultados mais estimulantes foram obtidos no tratamento da histeria, quando há menos petrificação psíquica. O que quer dizer histeria? Como nós sabemos, é a noção grega antiga do útero migrante, que provoca sintomas por todo o corpo. Portanto, histeria traz também a ideia de movimento, movimento da libido, e portanto transformação psicológica.

Os núcleos histéricos são aqueles que também trazem em si possibilidades de transformação, porque encerram movimento. A Medusa não pode ser contemplada, pois petrifica, impede transformação psicológica.

Certa vez analisei um paciente que iniciava uma crise psicótica paranoide. Fantasiava perseguições e temia ser homossexual. Desenhou em consultório um sonho que tivera: entrou em gramado extenso, e percebeu ao longe uma estátua de pedra, de grande estatura. Ao aproximar-se, percebeu que a estátua assemelhava-se a ele próprio. Uma serpente descia pela superfície pétrea.

O desenho refletia toda a situação conflitante de meu paciente. Se por um lado se processava um movimento psicótico de petrificação, ao mesmo tempo a serpente trazia o movimento, uma perspectiva de transformação.

Ao paciente não ocorriam associações ao sonho ou ao desenho. Usando o *método de amplificação* de Jung de forma a menos intelectual possível, apenas comentei: "por isto a serpente é o símbolo da medicina; produz veneno, mas dele também se faz o soro antiofídico". *O semelhante cura o semelhante.*

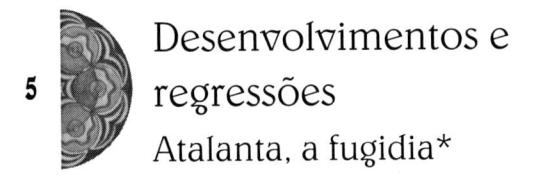

5 Desenvolvimentos e regressões
Atalanta, a fugidia*

Michael Maier, alquimista, escreveu *Atalanta fugiens* em 1617. Médico pessoal do Imperador Rodolfo II, com doutorado em medicina e filosofia, foi homem típico da Renascença, com múltiplos interesses nos vários domínios do saber.

Alquimia não era de forma alguma seu único interesse; sua primeira obra publicada, *Arcana Arcanissima* (1614), mostrava profunda erudição em mitologia clássica grega e mitologia egípcia. Procurou sempre mostrar os elos simbólicos que unem as imagens mitológicas e as alquímicas. Em *Atalanta*, Maier vai além, introduzindo a forma musical de fugas em três vozes, cinquenta gravuras emblemáticas correspondentes às fugas, em torno do mito grego de Atalanta.

Qual o objetivo fundamental desta criativa junção de música, gravuras emblemáticas simbólicas, narrativa mitológica e alquimia? Nada menos do que aquilo que buscam todas as formas de meditação e oração místicas: estados alterados de consciência, uma profunda introspecção que possam levar ao autoconhecimento.

---

* Este é um texto modificado do cap. "Atalanta, a fugidia", do livro *Mitos e arquétipos do homem contemporâneo*.

Sabemos que Maier coordenava encontros na corte de Rodolfo II, quando se ouviam as belas fugas a três vozes compostas especificamente para cada uma das cinquenta gravuras com alegorias alquímicas. Meditava-se também sobre o núcleo central do mito alquímico, a *Atalanta fugidia*[42].

Devemos sintetizar o mito, para que se compreenda todo o *circumambulatio* (*o andar em torno*) simbólico que Maier procurou perfazer para descrever etapas do que Jung veio a chamar o *processo de individuação*.

A versão mais conhecida do mito relata que Atalanta ou Atalante era filha do Rei Esqueneu, que só desejava filho homem (BRANDÃO, 1991 (*Atalanta*)). *Tão logo nasceu a menina, esta sofreu o destino comum dos diversos heróis clássicos destinados a grandes feitos: a chamada exposição.* Tal como acontecera com Édipo, abandonado no Monte Citerão, tal como Perseu lançado ao mar com sua mãe Dânae, assim como Psiqué abandonada no rochedo, Atalanta foi exposta no Monte Partênion, na Arcádia (BRANDÃO, 1991). Mas como criança heroica[43], em seu abandono, não morreu, pelo contrário, aleitada por uma ursa, tornou-se posteriormente uma mulher alta, bela e forte; foi então consagrada a Ártemis, a senhora dos bosques e da caça, cujo animal representativo é a ursa.

Veio a participar da famosa gesta, a caçada ao javali de Cálidon, um fato único para uma mulher. O javali Cálidon fora enviado por Ártemis como castigo ao Rei Eneu, para devastar seu reino. Vários heróis se juntaram sob o comando de Meléagro, filho de Eneu, para dar combate ao animal mágico; entre eles, desta-

---

42. Veja as referências à obra de Maier, 1989.
43. Sobre a criança heroica, cf. Jung, 1951.

cou-se a bela Atalanta. Meléagro e Atalante mataram juntos o javali e se tornaram amantes.

Posteriormente Meléagro veio a morrer e Atalanta se recusou sempre a casar, ou por sua fidelidade a Ártemis, ou, segundo alguns, porque um oráculo predissera que seria metamorfoseada em animal caso o fizesse. Voltando à corte de Esqueneu, Atalanta, herdeira do trono, foi sempre muito cortejada por sua beleza. Para evitar seus pretendentes, usava de um estratagema bastante original: desafiava-os para uma *corrida*, sua especialidade nos jogos; caso fosse vencida, casar-se-ia com o rival, perdendo este, perderia também a vida, pois Atalanta imediatamente o mataria com sua lança. Muitos assim morreram nas mãos da bela e velocíssima Atalanta, a filha espiritual de Ártemis.

Finalmente surgiu Hipômenes, que amava Atalanta e resolveu arriscar sua vida. Orou a Afrodite na noite anterior à corrida, e a deusa do amor deu-lhe três fascinantes maças douradas do amor, provenientes do jardim das Hespérides, para serem usadas durante a prova[44].

Maçã n. 1: *Percepção do tempo que passa*. Iniciada a corrida, Atalanta está bem à frente de Hipômenes, quando este lança a primeira maçã ao solo. Atalanta não resiste e, curiosa, para e a apanha. Vê seu rosto refletido na maçã dourada e pensa: "assim estarei quando envelhecer..."

Maçã n. 2: *Percepção da importância do amor*. Atalanta está mais uma vez focada na competição, como é o hábito da *mulher-Ártemis* durante sua vida. Mas a segunda maçã de Afrodite é irresistível e Atalanta se curva para apanhá-la. Memórias de seu amante morto Meléagro vêm à sua consciência com toda intensi-

---

44. Veja referências ao papel de Atalanta no desenvolvimento da mulher em Bolen, 1989.

dade. Sente a profunda importância do relacionamento afetivo e sexual de um companheiro.

Maçã n. 3: *Instinto procriativo e criatividade*. A linha de chegada está à vista e Hipômenes conseguiu correr paralelo a Atalanta. Lança então a derradeira maçã. Atalanta hesita por um instante, entre ganhar mais uma competição ou apanhar o terceiro pomo dourado. Ela se lança à maçã; Hipômenes é o vencedor.

Após o contato com as maçãs douradas de Afrodite, a realização pura e simples das metas da consciência fica relativizada. Os processos criativos de autorrealização adquirem uma importância premente, é o chamado do si-mesmo ou arquétipo central para a realização do ser. Há uma tarefa mais profunda a ser cumprida, o ouro de Afrodite a ser encontrado.

Desta forma Hipômenes e Atalanta se casam, conforme reza o mito. Mais tarde, durante uma caçada, o par, profundamente apaixonado, se uniu no interior do Templo de Cibele. Para castigar tal afronta, Zeus transformou o casal em leões dourados.

Todo mito, como narrativa simbólica, pode ser abordado de diversas perspectivas. Seguindo Bolen (1989) podemos entender Atalanta como um tipo de perspectiva da consciência feminina, dominada pelo arquétipo de Ártemis. O nascimento de Atalanta, sua especial relação com Ártemis desde então, reforçam esta interpretação. Atalanta foi rejeitada pelos pais, que esperavam filho homem, e sofre *o ritual de exposição*.

Sabemos a importância do fantasiar dos pais sobre a *psiqué* dos filhos, mesmo quando em estado intrauterino. Estas fantasias são como fios que tecem o destino do nascituro como a própria Moira. Atalanta, em sua solidão nos bosques, entra em contato com sua mãe arquetípica, Ártemis, já que os pais pessoais tanto a rejeitam. Estas situações conflituosas entre mito individual e figuras parentais são típicas na ativação do processo de individuação.

Os pais de Atalanta esperavam *um filho homem*; Atalanta como que realiza em seu destino de caçadora aspectos masculinos dentro de si própria. A rejeição inicial dos pais e a exposição no Monte Partênion simbolizam o desdobramento do processo de individuação. O aleitamento pela ursa, animal totêmico de Ártemis, simboliza o estado de abandono natural, aparente fraqueza e, na verdade, o grande poder da criança divina. Abandonando os referenciais usuais do ambiente da família, a heroína em potencial irá encontrar em seu próprio inconsciente os fatores de autorrealização.

Este isolamento existencial é achado clínico frequente e não deve ser apressadamente rotulado, de forma redutiva, como simples neurose, pois corremos o risco de perder as dimensões criativas de um rito de transição iniciático. O mito sendo simbólico expressa realidades da alma em diversos níveis de significado. O símbolo arquetípico Atalanta representa, em alguns de seus aspectos, o processo de individuação da mulher com uma perspectiva de consciência do tipo Ártemis, a mulher independente que se realiza pelo movimento e assertividade.

De maneira inteiramente diferente do padrão de dependência da figura masculina, Atalanta realiza seu encontro amoroso com Meléagro ao estilo de uma cooperação, um caçar juntos; são como se fossem sócios de um empreendimento.

Esta forma de relacionamento reflete com bastante fidelidade a relação homem-mulher na sociedade complexa das grandes cidades dos dias atuais. O feminismo preparou o advento desta nova mulher, que corre entretanto o perigo de se identificar com o falo que tão criativamente pode integrar. Este problema e a sua possível solução estão configurados no Mito de Atalanta, como trataremos a seguir.

A relação tradicional homem-mulher está configurada no *hieròs gámos* (casamento sagrado) de Zeus e Hera. Este tipo de relação tende em nosso meio a evoluir para o par Atalanta e Meléagro. Atalanta simboliza a mulher que integrou de forma criativa o seu *animus*, ou que pelo menos interage criativamente com ele, sem projetá-lo simplesmente em seu companheiro, como faz Hera. A caçada mítica ao javali Cálidon, feita de forma absolutamente conjunta, expressa essa integração.

O motivo mítico da caça é simbólico em si, expressando a busca incessante de conteúdos desconhecidos (os animais) que escapam à percepção da consciência, ocultando-se nas florestas (o inconsciente). A obtenção do animal configura a integração de conteúdos psíquicos ao ego; no caso, o animal abatido possui grande *mana*[45], o javali como *hipóstase* – manifestação equivalente – da deusa Ártemis, simboliza um conteúdo numinoso do inconsciente coletivo a ser integrado. A destruição e ameaça que o javali sagrado configura, caso não seja caçado, representa os conteúdos autônomos da *psiqué*, imagens arquetípicas que ignoradas ou negadas têm enorme poder destrutivo, quer seja para o indivíduo, quer seja para a cultura.

Exemplo de um símbolo numinoso que, esquecido, tem sido destrutivo para a sociedade brasileira, é o da *criança divina*, que, como aparece em Atalanta, embora exposta ou abandonada, tem enorme poder transformador. Em nível social, os *meninos de rua* do Brasil, submetidos à exposição, tal como o fora Atalanta, passaram a representar um enorme desafio social, destrutivo porque negado e reprimido.

O processo de individuação, como o descreveu Jung, a busca da integração dos opostos e a realização da totalidade é expresso de forma original pelo simbolismo da *corrida*. Nesta imagem es-

---

45. Palavra de origem polinésia que quer dizer "força misteriosa, poder".

tão as características da individuação: o ponto de partida, a busca de aproximação dos opostos, homem e mulher, um misterioso terceiro elemento representado pelas maçãs de Afrodite[46], e a chegada final.

Na partida, percebemos o ego, em correta atitude, com amor sincero pelo *opus alchymicum*, necessário para a realização da *obra*, como sempre proclamaram os alquimistas (o amor de Hipômenes por Atalanta, e sua oração à deusa do amor).

A *competição* entre Hipômenes e sua amada expressa a contínua atração entre os opostos psíquicos, entre o consciente e o inconsciente, o ego e *o si-mesmo*, e a necessidade de integração.

As *maçãs* representam o que Jung denominou a *função transcendente* do si-mesmo, um movimento psicológico de unir opostos por manifestações simbólicas, buscando a integração das partes no todo (cf. JUNG, 1916/s.d.). Ao fim da corrida, há a união do par amoroso, representando a *coniunctio*, considerada por muitos a operação máxima da alquimia.

Usamos com frequência o referencial alquímico para a interpretação destes símbolos mitológicos, pois assim fez Michael Maier, o autor de *Atalanta fugiens*, e assim fizeram numerosos outros alquimistas, isto é, procuraram na mitologia a imagética apropriada para expressar as misteriosas transmutações dos metais.

Maier viu no Mito de Atalanta as três substâncias básicas do processo alquímico, pelas quais a pedra filosofal pode ser obtida: o *enxofre* é representado por Hipômenes, o *mercúrio* (sempre fugidio!) por Atalanta e o *sal* pelas maçãs douradas de Afrodite.

Estas três substâncias, que formam a chamada trindade alquímica, representam elementos psicológicos fundamentais em psico-

---

46. Para mais detalhes sobre o simbolismo e ritual da exposição vide cap. 6: "Édipo; o de duas faces".

terapia; os elementos alquímicos são na verdade substâncias psíquicas. Ver as características da personalidade assim simbolizadas é maneira adequada de percebê-las em sua substancialidade psíquica.

O enxofre ígneo e corrosivo é o desejo, também o pragmatismo e o que a psicanálise chamou de *investimento libidinal*. A personalidade sulfurosa é aquela ligada ao desejo sexual e ao de poder, à gratificação imediata em todos os seus aspectos. Em nossa tradição judaico-cristã é comum dizer-se que *o diabo tem cheiro de enxofre*. Mitologicamente, o enxofre é associado ao ígneo deus ferreiro, Hefesto.

Mercúrio é a substância fundamental na fantasia alquímica. É o *servus fugitivus*, ou o *cervus fugitivus* como querem alguns, aquele que não pode ser retido facilmente, essencial para a realização do *opus*, devido ao seu caráter transformador. Mitologicamente é associado ao deus Hermes/Mercúrio, o psicopompo, o mediador entre consciente e inconsciente, o grande hermeneuta dos símbolos[47].

As misteriosas maçãs de Afrodite são associadas por Maier (1989) ao sal alquímico, princípio do amor divino, o grande preservador de substâncias, o *sal da terra* bíblico que tudo preserva. Sem a intervenção de Afrodite e suas maçãs douradas, o *coniunctio oppositorum*, finalidade da obra alquímica, e, portanto, do processo de individuação, não teria sido possível.

O misterioso destino dos dois amantes não pode ser interpretado linearmente, dentro de uma lógica do pensamento consciente. O mito fala de uma união carnal dentro do templo de Cibele, a grande deusa-mãe oriental. Zeus, irado com tamanha afronta, transformou Atalanta e Hipômenes em leões.

---

47. Vide mercúrio como *servus* ou *cervus fugitivus* em Jung, 1945.

Os alquimistas falam do templo como seu vaso de trabalho, onde as substâncias interagem entre si. E o *vas bene closum*, o vaso hermeticamente fechado, isto é, selado com o selo de Hermes, para que dele nenhuma energia extravase e o processo alquímico se realize a contento.

A noção do vaso alquímico lembra o consultório do analista, também hermeticamente fechado, obedecendo a lei do *segredo profissional*, essencial para que haja uma aliança terapêutica satisfatória. Os processos de transferência e contratransferência ocorrerão dentro deste *espaço sagrado* (o *temenos* dos gregos), as substâncias psíquicas, tal como as substâncias alquímicas, sofrerão transformações e a pedra filosofal poderá ser encontrada.

A conjugação sexual dentro do templo pode apontar, dentro de uma interpretação redutiva, para um desejo ou atuação incestuosa, uma fixação edípica, pela qual a sexualidade ainda permanece vinculada ao *templo* do útero materno. Tal interpretação é comumente oferecida dentro de uma abordagem segundo a simbologia dos mitos. O medo ao inconsciente, o temor do *regressus ad uterum* tornam o incesto uma falta grave, quebra de tabu severamente punida.

A variação mítica reza que Atalanta, como qualquer mortal consagrado a Ártemis, não poderia trair jamais seus votos de ser mulher não casada, sempre independente de qualquer homem. Segundo o oráculo, ela seria metamorfoseada em animal caso o fizesse. Na terrível predição oracular aí já estaria configurado seu destino[48].

Mas o símbolo tem sempre um sentido polissêmico, como já mencionamos, permitindo diversas abordagens. Pela visão alquí-

---

48. Como nos ciclos de Édipo, Perseu e outros heróis, cujo destino já estava previsto em oráculos.

mica a operação do *coniunctio* é a final, a mais importante e significativa de todo o *opus* da alquimia[49]. Psicologicamente falando, está relacionada com os fenômenos de *aproximação e conjugação das polaridades psíquicas, que dissociadas promovem unilateralidade e patologias e conjugadas, a criatividade.* As pessoas que têm o ego dissociado da sombra e da *anima* tornam-se neuróticas, aqueles que se conjugam com a sombra (integração do recalcado) e conseguem estabelecer pontes simbólicas com a *anima* (descoberta do destino pessoal) tornam-se solidários e criativos.

Ainda dentro da abordagem alquímico-psicológica, tomamos em conta que o leão não é apenas um símbolo de instinto, no caso, o *rei* dos instintos, mas que, em alquimia, o leão vermelho representa a *Tintura Real Vermelha,* uma equivalência ao *ouro filosófico,* ao *arquétipo do si-mesmo.*

---

49. Vide o capítulo sobre *coniunctio* no livro de Edward Edinger *A anatomia da psique,* p. 227.

6 Édipo, o de duas faces*

Vamos abordar o périplo mitológico de Édipo de acordo com nosso referencial junguiano do inconsciente coletivo e dos arquétipos, sem esquecer a cultura na qual este mito está inserido, a cultura grega clássica, politeísta; uma cultura na qual a noção de indivíduo encontra-se dissolvida na noção de grupo, principalmente na noção do grupo familiar, o *génos*[50].

De acordo com esta visão de mundo, a culpa pelos atos cometidos não é individual, dissolve-se no coletivo do *génos* familiar e do social. Precisamos partir deste ponto quando abordamos a temática da culpa em Édipo e Jocasta. Sem dúvida, a noção de culpa individual também existiu na Grécia Antiga; um dos grandes méritos do orfismo, movimento religioso de influência oriental do século VI a.C., foi o resgate da noção de responsabilidade mais individualizada: seus seguidores acreditaram na metempsicose, praticaram o vegetarianismo e professaram a fé numa recompensa *post-mortem*. Mas esta é uma situação muito particular[51].

---

* O presente capítulo é adaptação de palestra proferida na mesa-redonda "As duas faces da deusa" no Seminário "Mulher e Homem: as duas faces de Deus" realizado na Uerj em 19/10/1995, com o título: "Culpa e reparação: Édipo e Jocasta".

50. Sobre a lei do *Génos* na Grécia arcaica veja Brandão, 1987, p. 335.

51. Vide a respeito do orfismo o capítulo 12: "As escatologias gregas antigas e a psicoterapia moderna". Veja também Brandão, 1991, s.v. *orfismo* e Wili, 1944/1971.

A postura tradicional da Grécia homérica é a da culpa coletiva; as faltas são chamadas de *hamartia*[52]. As faltas cometidas dentro do *Génos* eram denominadas por termo significativo: *Miasma*, que quer dizer: *uma mancha que se espalha*; contamina, portanto, tudo o que está em volta (BRANDÃO, 1987b). Um dos membros do *Génos* comete uma falta, e todos os membros deste *Génos* são involuntariamente culpados e deverão expiar pela falta.

Esta e muitas outras práticas que no mundo antigo foram abertamente professadas, e que na sociedade atual aparentemente não o são, continuam a ter uma existência no inconsciente coletivo. Isto todo psicoterapeuta percebe em sua prática diária; como os complexos inconscientes não resolvidos ou elaborados pelos pais terão que ser confrontados pelos filhos e netos, de uma forma ou de outra.

Este fato psicológico foi nomeado na Grécia Antiga como a *maldição do guénos*. A terrível *hamartia* ainda se faz notar de forma concreta nos dias de hoje, nos sertões do Brasil, por exemplo, quando famílias inteiras se destroem pela sede do poder; na política brasileira recente estes fatos foram bem explícitos[53].

O problema da culpa de Édipo se insere na chamada *maldição dos labdácidas*, família à qual pertenceu Édipo, filho de Laio. Junito Brandão segue a pesquisadora francesa Marie Delcourt numa interessante abordagem etimológica do nome *Laio*, *Labdácia* e *Lábdaco*, este último o pai de Laio. Segundo a interpretação

---

52. *Hamartia*, do verbo *hamartéin*, i.e.: *errar o alvo*.

53. O conto de Guimarães Rosa *A hora e a vez de Augusto Matraga* gira em torno da maldição do *Génos*. O jagunço Joãozinho Bem-Bem teve um dos seus capangas morto por rapaz de uma família. O jagunço quer matar todos os irmãos do assassino, e seu bando deve estuprar suas irmãs. O pai de família pede "em nome de N. Senhora" que o jagunço não cumpra sua ameaça. É a lei do sertão (maldição do *Génos*) contra a lei cristã. Vide Rosa, 1976.

mais corrente, *Lábdaco*, pai de *Laio* e antigo rei de Tebas, teria seu nome derivado do *Lépein*, que quer dizer *esfolar*. Isto porque, assim como o Rei Penteu, Lábdaco teria se oposto ao culto de Dioniso em Tebas e teria sido, por conta disto, despedaçado pelas bacantes. Marie Delcourt, citada por J. Brandão, traz outra interpretação: estes nomes provêm da *letra lambda* – Λ – a letra "ele", décima primeira letra do alfabeto grego. Não seriam nomes, mas em vez disto alcunhas, designando já uma deformidade física, significando *manco, cambaio*, com os pés para fora, semelhante à própria letra *lambda* (BRANDÃO, 1987: 239ss.).

A deformidade física aponta já diretamente para um tema de grande importância psicológica associado ao *mitema* da criança-herói e ao Mito de Édipo: o tema da *exposição da criança*. A criança exposta, ritual de fundo religioso frequentemente adotado na Grécia Clássica, está intimamente ligado ao problema da culpa coletiva. A criança exposta aos elementos naturais, numa situação de quase morte, iria magicamente expiar a culpa ancestral do *guénos* pela sua própria morte. Estas crianças apresentavam, com frequência, alguma deformidade física; tornavam-se bodes expiatórios adequados para a expiação mágica da culpa. Também miticamente a exposição ocorre com a criança-herói: assim como Édipo é exposto no Monte Citerão, Psiqué é deixada no rochedo para ser devorada pelo monstro, Perseu é lançado ao mar com sua mãe Dânae. Essas crianças-herói acabam sendo salvadoras de seu povo pelo ato heroico.

A exposição da criança-herói tem um duplo sentido psicológico: por um lado significa, ao nível do indivíduo, o ponto de partida para seu processo de amadurecimento psicológico e independência psíquica, seu processo de individuação; o abandono aos elementos da natureza traz a noção de independência das figuras parentais de origem. Por outro lado, a psicodinâmica do *bode expiatório* é bastante complexa, estando associada aos mecanismos de elaboração do arquétipo da sombra individual, que de uma forma ou de outra está sempre entranhada à sombra familiar ou grupal.

O abandono de Édipo no Monte Citerão por um escravo de Laio, a mando deste, obedece ao *ritual de exposição*[54]. Como é sabido, Laio consultara o Oráculo de Delfos que predissera que, se tivesse um filho, este o mataria. Laio, atemorizado com o nascimento de Édipo, apressa-se a ordenar a um servo seu que o expusesse no monte.

Freud concentrou-se originalmente na temática do parricídio e do incesto, temas importantes no Mito de Édipo, mas não únicos. O parricídio, assassinato de Laio por Édipo no encontro no *trívium* – passagem divida em três –, número nuclear na temática edípica, é involuntário, assim como o incesto com a mãe Jocasta. Ao contrário, o *filicídio*, a exposição de Édipo no Monte Citerão por Laio, é plenamente *voluntário, planejado*, e precede os desdobramentos ulteriores da trama.

Laio segue o padrão da linhagem dos deuses masculinos que o precederam: Úrano impede seus filhos de nascerem, Crono os devora; mesmo Zeus a princípio não foge a esta compulsão, devorando Méthis, sua primeira consorte. Há sempre uma ameaça oracular de sucessão pela geração seguinte, intolerável para os arquétipos masculinos. O problema do parricídio sem dúvida é importante, mas não nos devemos esquecer do filicídio e de sua importância simbólica. Alguns autores se debruçaram

---

54. A temática do bode expiatório foi abordada no capítulo 4 de forma mais detalhada em suas duas variantes principais: na cultura judaica (o motivo do *boucle emissaire* nas tribos do deserto) e na cultura grega (o motivo da criança exposta e a questão do *phármakos* cultural).

A mitopoese da psique

sobre este tema, como o argentino Raskowski e a norte-americana Alice Miller[55].

Mencionamos que a criança exposta está associada a um dinamismo de expiação da hamartia do *génos* e que esta problemática continua atualmente no inconsciente coletivo cultural e familiar. Os terapeutas de família sistêmicos denominam o bode expiatório familiar, aquele encarregado por sua psicopatologia de trazer um equilíbrio artificial ao sistema como um todo, de *paciente identificado*[56]. Visto sistemicamente, Édipo é esse *paciente identificado*, encarregado de expiar a culpa ancestral.

A culpa dos labdácidas vem de várias gerações: vamos investigar esta hamartia mítica assim como em análise investigamos a mitologia familiar e suas mazelas não resolvidas. A problemática dos labdácidas parece ter origem remota no próprio fundador de Tebas, Cadmo. Ao encontrar o local propício para fundar a cidade, procurou uma fonte para se espargir. Esta era guardada por um dragão, que Cadmo prontamente matou. Dos dentes do dragão nasceram gigantes, que batalharam entre si, sobrando apenas cinco, que, juntamente com Cadmo, iriam formar o núcleo da aristocracia tebana. A morte do dragão consagrado a Ares constituiu grave *hamartia*[57].

Lábdaco, pai de Laio, é neto de Cadmo, e herda a maldição familiar: segundo a tradição, assim como seu primo Penteu, foi despedaçado pelas bacantes por ter se oposto à introdução do culto de Dioniso em Tebas.

---

55. A questão da importância do filicídio já foi abordada no cap. 3, "Mitos e arquétipos do masculino".
56. Vide sobre o paciente identificado o livro de Paula Boechat *Terapia familiar: mitos, símbolos e arquétipos*.
57. Veja, para todas as referências sobre a maldição dos labdácidas e a saga de Édipo, Brandão, 1987b, cap. VIII, p. 233s.

Laio, durante um período de exílio na corte de Pélops, apaixona-se por seu filho Crisipo, raptando-o. Desrespeita assim tanto a hospitalidade sagrada, cujo protetor era Zeus, e também Hera, protetora dos amores legítimos. Laio é assim considerado o introdutor mítico da pederastia na Grécia; a ira de Hera dá origem à maldição dos labdácidas. Crisipo acabou por matar-se, envergonhado. Percebemos, assim, que o destino de Édipo, como criança exposta, já vinha sendo delineado há longo tempo. A noção de culpa familiar, na cultura antiga e em mitologia, tem assim grande importância psicológica.

A falta de Laio, i.e., o homossexualismo, é punido por Hera, que envia a esfinge, *a cruel cantora*, aparentada às sereias, pelo canto sedutor e aos íncubos, almas penadas produtoras de pesadelos eróticos.

A exposição de Édipo no Monte Citerão e posterior salvação por um pastor de Corinto, o levam a ser educado como filho do rei da cidade Pólipo, e sua esposa Mérope. Certa vez, em um banquete no palácio, um bêbado chama Édipo de *filho bastardo*. Este fato o perturba bastante, e o leva a viajar ao Oráculo de Delfos para dirimir qualquer dúvida quanto à sua origem. Nesta viagem, irá cruzar no *trívium* fatídico, com Laio, seu pai, e o matará, sem saber sua identidade.

Cruza depois, como sabemos, com a esfinge, e decifra seus enigmas, que são na verdade dois, na tradição antiga. O menos conhecido reza assim: *são duas irmãs, a primeira gera a segunda, e esta, por sua vez, gera a primeira*. A resposta correta é: *o dia e a noite*, que Édipo fornece prontamente.

O segundo enigma, mais difundido, fala de um animal, que possuindo voz, anda pela manhã com quatro pés, ao meio-dia com dois e ao entardecer com três. A resposta correta dada por Édipo é: *Ânthropos estín* ("é o homem"). Segundo algumas versões, nem resposta verbal o herói deu, apenas tocou a fronte, indicando com isto que ele próprio era a resposta ao enigma.

Tendo seus enigmas resolvidos, a esfinge, derrotada, lança-se ao despenhadeiro. Posteriormente Édipo, como prêmio pela sua façanha, casa-se com Jocasta, sua própria mãe, sem o saber.

O confronto com a esfinge é o momento crucial da tragédia Édipo-Rei. Isto porque o herói se depara com sua tarefa de forma unilateral, extremamente racional. Julga decifrar o enigma da esfinge, que psicologicamente representa o enigma simbólico do processo de individuação, simplesmente pela lógica consciente. Na realidade, o enigma só será resolvido mais tarde, com sua experiência vivencial incestuosa com Jocasta. Na experiência existencial, de nada valem a lógica e a racionalidade unilaterais.

O próprio *enigma* (em grego, *aínigma, falar por meios-termos, dizer veladamente, dar a entender*)[58] está associado arquetipicamente ao ritual do casamento, no qual o herói conquista a princesa. Assim sendo, podemos antever, por detrás do íncubo da esfinge, a figura psicológica da *anima*, que sempre se apresenta com enigmas, chaves para o processo de individuação, sendo ela a mediadora entre o ego e o si-mesmo. Como sabemos, entretanto, a *anima* está frequentemente imbricada com o arquétipo da Grande Mãe e faz parte do processo de individuação a diferenciação da *anima* de suas contaminações com o princípio materno.

A Édipo só será passível a elaboração deste processo após as penosas revelações do adivinho Tirésias sobre sua verdadeira origem. Estas revelações, o enforcamento de Jocasta e a extirpação dos olhos de Édipo, constituem a *peripateia* da tragédia; sua *peri-*

---

58. Sobre o sentido dos enigmas vide Brandão, 1987b, p. 259-260.

pécia[59], a inversão de todos os seus valores que a ela impõe Sófocles. Édipo, antes rei, possuidor do *falso saber*, e portanto do *falso poder*, agora é o Édipo que se cega, mergulhado em escuridão, exilado, afastado da cidade, guiado pelas mãos de Antígona.

No entanto, esta trágica *peripateia* aponta para outro processo, descrito na tragédia *Édipo em Colono*, de Sófocles. Aqui, Édipo cego vai até Colono, bosque nas cercanias de Atenas, dedicado às Eumênides, *as benfazejas*.

Esta mudança radical no trajeto edípico, polar e oposto ao primeiro, é pouco estudado. O autor junguiano James Hillman dedicou a *Édipo em Colono* uma atenção especial[60]. Hillman chama atenção para a interessante polarização presente nas duas tragédias; em *Édipo-Rei* temos o predomínio da visão e seu deus, Apolo: o oráculo, a visão-cegueira de Édipo e Tirésias, e o poder do rei. Em *Édipo em Colono* temos o predomínio da audição: o herói está cego, ouve a voz de sua guia Antígona, os rouxinóis de colono e as vozes do coro, que representa o povo de Atenas. Na verdade, Apolo predomina de forma excessiva na primeira tragédia, e Dioniso, em sua rara incursão, a acusação do bêbado em Corinto que chama Édipo de *filho bastardo*, desencadeia todo o drama[61].

---

59. *Peripateia, peripécia.* Fase do desenvolvimento da tragédia clássica no qual o drama atinge o ápice de dramaticidade, um momento de culminância, seguindo-se uma *inversão de todos os elementos* da tragédia. Os outros momentos são: Apresentação dos personagens e local (*Dramatis personae*) desenvolvimento (que antecedem à *Peripateia*) e *lysis* ou *solução* da trama, que vem a seguir. Jung tomou essas quatro fases para aplicá-las aos momentos do desenvolvimento do sonho. Em Édipo-Rei a *Peripateia* ocorre quando o vidente Tirésias diz a Édipo: "tu és o assassino que procuras" (de Laio). Segue-se a *lysis* trágica, com cegueira e peregrinação pelo deserto.

60. Vide a contraposição feita por Hillman das tragédias Édipo-Rei com Édipo em Colono em *Édipo e variações*. Petrópolis: Vozes.

61. Essas comparações especulares estão em Hillman, *Visões sobre Édipo*.

As duas tragédias parecem retratar de forma exemplar o que a psicologia analítica chama de processo de individuação: a primeira metade da vida, uma busca de adaptação à realidade, com o perigo de identificação com a persona – o falso poder do rei – e a *peripateia* da crise *liminal* de metade da vida, na qual o indivíduo se volta para seu interior (cegueira para o mundo externo) após crise afetiva, profissional ou existencial.

Édipo é recebido em Colona com sentimentos ambíguos a princípio, mas, como verdadeiro *bode expiatório* da *hamartia* tebana, reveste-se também de sacralidade. O oráculo predissera que o túmulo do herói protegeria qualquer *polis* de inimigos externos.

No momento em que Édipo chega a Colona estava se iniciando a guerra de Tebas contra Atenas, retratada na tragédia *Sete contra Tebas*. Creonte e Polinice, filho de Édipo, procuraram sua ajuda e foram imediatamente rechaçados. Somente a Teseu, aquele que lhe deu asilo em Atenas, irá Édipo se entregar. Essa entrega sem medo é inteiramente diferente da competição parricida e filicida que permeia todo o Mito de Édipo enquanto rei. Temos agora uma relação madura com o poder.

O ciclo mítico de Édipo termina com sua descida suave ao seio da terra, aos braços da Grande Mãe Gaia, num processo de conhecimento profundo de si próprio que os gregos chamaram *anagnóresis*[62]. Édipo cumpre seu destino, deixando de ser um bode expiatório do *génos* de Tebas para se tornar um protetor de Atenas. A partir da problemática inicial de parricídio e incesto com a mãe pessoal, desenvolve-se o processo de individuação na segunda metade da vida e a relação com a mãe arquetípica, Gaia.

---

62. Para o conceito de *anagnóresis*, veja Brandão, 1987b, p. 114. O autoconhecimento denominado *anagnóresis* só acontece após uma *katábase* (descida) do herói, que passa por provas iniciáticas.

Não é por acaso que o próprio Sófocles escolheu como cenário de sua bela tragédia Colona, a cidade em que morreu, em idade madura, aos noventa anos.

Há em todos os instantes exemplos práticos de filicídio em nossa prática clínica e de ensino. Supervisionando candidatos a analistas, vejo constantemente pouca consciência de *sentimentos contratransferenciais filicidas* pelos terapeutas em relação aos clientes: inveja das qualidades pessoais do cliente, de seus bens materiais, de suas viagens e qualidade de vida, assim como os pais frequentemente invejam seus filhos, pelo seu potencial de juventude, força e saúde. Não conscientizados, estes conteúdos permanecem na sombra e se tornam bastante destrutivos.

O próprio Freud teve que se defrontar com este problema. Sendo ele tão prolífero e tão criativo, teve (e tem) uma horda inumerável de seguidores. O criador de um movimento tão importante como a psicanálise, e que tanta influência exerce na cultura contemporânea, teria que ter uma *sombra filicida, um complexo de Zeus*. O fato mesmo de analisar a própria filha Ana já é uma atividade filicida, pois depriva a própria filha de espontaneidade criadora. Não é por acaso que Ana protegeu tanto a imagem do pai, selecionando o que podia ou não ser publicado na biografia de Freud feita por Ernest Jones. Esta biografia, com o mérito da proximidade dos eventos históricos ali descritos, tem o demérito de ser *uma biografia autorizada*[63].

Paul Roazen procurou debater o aspecto filicida de Freud no livro *Irmão animal: a história de Freud e Tausk* (ROAZEN, 1995). Por muito tempo Roazen foi perseguido pelo meio psicanalítico

---

63. O artigo do historiador Shonu Shamdasani, *Memórias, sonhos e omissões*, demonstra que também o livro de Jung *Memórias, sonhos e reflexões* tem esse aspecto de autorização (pela secretária de Jung, Aniella Jaffé e por sua família).

por debater este aspecto da sombra de Freud. Mas agora há o reconhecimento geral que mesmo os grandes gênios como Freud, Jung, Lacan, Klein, são figuras humanas, e, como tal, com limitações. Idealizá-los seria o pior caminho, quer seja para a psicanálise, quer seja para a psicologia analítica.

Irmão animal era a expressão que Lou Salomé usava para chamar Tausk, com quem teve um caso amoroso. O livro mostra o comprometimento de Freud no suicídio de Tausk, seu talentoso discípulo, que sempre quis se analisar com ele. Freud achava que Tausk não só o admirava, mas queria também apropriar-se de suas ideias. Recusou-o para análise e encaminhou-o para sua discípula Helene Deutsch. Esta, entretanto, era paciente de Freud, tendo várias sessões por semana, sendo um tema frequente destas sessões seu instigante paciente Tausk. Estabelecido o insustentável triângulo Freud-Deutsch-Tausk, Freud acaba sugerindo que sua paciente Deutsch desse *alta* a Tausk. Não suportando a rejeição, Tausk comete um duplo suicídio, por tiro e por enforcamento. O obituário de Tausk foi o mais longo de todos os escritos por Freud, o que já é significativo (ROAZEN, 1995).

O problema do filicídio dentro do movimento psicanalítico agora pode ser melhor detectado e elaborado não só em relação a Tausk como em relação ao próprio Jung, que, não tolerando a pressão do pai simbólico, acabou por afastar-se do movimento. Houve outros afastamentos nos anos clássicos da psicanálise devido ao mesmo problema, como o de Rank e Ferenczi, este último o mais importante, cujas ricas contribuições só posteriormente viriam a ser corretamente avaliadas.

7 Amor e individuação
Eros e psique*

Conta a lenda que dormia
Uma princesa encantada
A quem só despertaria
Um Infante, que viria
De Além do muro da estrada.
....
A princesa Adormecida,
Se espera, dormindo espera.
Sonha em morte a sua vida.
E orna-lhe a fronte esquecida,
Verde, uma grinalda de hera.
....
Mas cada um cumpre o Destino –
Ela dormindo encantada,
Ele buscando-a sem tino
Pelo processo divino
Que faz existir a estrada.
....
E, inda tonto do que houvera,
À cabeça, em maresia,
Ergue a mão, e encontra hera,
E vê que ele mesmo era,
A Princesa que dormia.
Fernando Pessoa, *Eros e Psique*, 1999: 181.

---

* Partes desse capítulo foram publicadas no livro *Mitos e arquétipos do homem contemporâneo*. O capítulo anterior foi consideravelmente modificado e expandido.

Eros e Psique é um belíssimo conto de fadas do mundo antigo que nos fala de dois grandes *Daimones*, Eros e Psiqué. É importante, logo de início, nos ater ao significado exato da palavra *Daimon*, em mitologia e história das religiões.

Entre povos primitivos e mesmo da Antiguidade tardia, os demônios não exerciam uma atividade sempre maligna; sua influência má ou ruim dependeria da atitude dos homens frente a eles. Com o advento do cristianismo, veio a ideia, por influência oriental, de espíritos puramente malignos. Nos contos *de As mil e uma noites*, por exemplo, fala-se com frequência da *raça dos gênios*, inimiga da dos homens. Estes gênios eram sempre mais poderosos que os homens e temíveis, poderiam ser derrotados somente com muita astúcia[64].

No paganismo, espíritos eram vistos como forças da natureza, sem conotação moral. Estes mediadores, sempre entre homens e deuses, eram os *Daimones*, Eros e Psiqué entre eles. A intensa polarização entre o bem e o mal, que caracterizou a cultura judaico-cristã de forma essencial, trouxe sempre a ideia de mediadores divididos; os do bem, anjos; e os do mal, demônios[65].

No Antigo Testamento são frequentes as aparições de anjos, como no livro de Jó, Ezequiel e Daniel, bem como no livro apócrifo de Tobias. No livro de Jó, a figura máxima entre os demônios, satã, tem papel crucial. No Novo Testamento, os anjos têm importância central, do nascimento (anunciação) até a morte de Jesus, e satã é retratado como Lúcifer, o líder dos demônios soberbos e que foi punido pelo Deus-Pai.

Entretanto, a doutrina do *Privatio Boni* expressa a enorme dificuldade de assimilação do mal como entidade em si pela comuni-

---

64. *Livro das mil e uma noites. Ramo Sírio.* Tradução do árabe por Mamede Mustafa Jarouche...

65. Veja a origem oriental dos *Daimones* em Von Franz, 1980, p. 64ss.

dade cristã, aí incluindo Lúcifer e todo seu séquito obscuro. O intermediário por excelência entre Deus e os homens é Cristo, sem dúvida. Mas gradualmente Cristo foi perdendo sua substância terrestre, seu aspecto humano foi perigosamente deixado de lado, até que finalmente, em concílio, as autoridades eclesiásticas promulgaram a doutrina do *homousia, aquele que é feito de mesma substância*. Jesus passou a ser considerado *de mesma substância* que as outras figuras da Santíssima Trindade, o Pai e o Espírito Santo. A intermediação da Virgem Maria ganhou importância capital no culto mariano, pois ela é aquela que *intercede por todos nós*.

A figura do intermediário é, pois, necessidade arquetípica que se expressa nas diversas culturas. Entre os romanos, por exemplo, houve sempre o culto do *gênio do lugar*, um espírito protetor que é constelado. A crença de que certos locais possuem determinados atributos é bastante arcaica. Von Franz lembra passagens do próprio Antigo Testamento nas quais montanhas, rios e outros acidentes geográficos são animados por deuses ou anjos. Um exemplo destas projeções do inconsciente é a atribuição de divindade ao local onde Jacó tem o famoso sonho de uma escada por onde sobem e descem os anjos. Jacó chama ao local *Bethel*, o que quer dizer: *Casa do Senhor*[66].

Na Casa Eranos, em Ascona, às margens do Lago Maggiore, ocorriam anualmente os famosos encontros multiculturais *Eranos*, dos quais Jung sempre participou, juntamente com Kerényi, Mircea Eliade, Gerschom Scholem e outros importantes pensadores. Em seus belos jardins, o visitante encontrará um pilar misterioso, esculpido por Olga Fröbe-Kapteyn, possuidora da *Villa* e fun-

---

66. Vide referência a essa passagem em Von Franz, 1983.

dadora dos eventos. Nele está inscrita uma evocação ao *gênio do lugar*: *Genio Loci, Ignoto.*

A existência universal do *Daimon* ou *Gênio* como mediador universal nos remete aos arquétipos da *anima* e do *animus* como os descreveu Jung, como sendo fatores condutores até ao si-mesmo ou *self*, como fatores mediadores entre o ego e o inconsciente coletivo.

É comum em consultório, no início do processo terapêutico, os pacientes iniciarem o processo com a atitude de total projeção de seus conteúdos internos em situações externas, mergulhados na ilusão e defesa projetiva. Ainda não se apresentam prontos para a viagem na qual a *anima* e o *animus* funcionarão como *psicopompos*[67] ou guias para a atualização do si-mesmo.

A estória de Eros e Psiqué aparece no livro do escritor latino Apuleio *As metamorfoses*, popularmente conhecido como *O asno de ouro*. Considero interessante pesquisarmos um pouco sobre a personalidade do próprio Apuleio para entendermos o contexto no qual o conto aparece. Intelectual, professor de retórica e filósofo de orientação neoplatônica, Apuleio nasceu em Madaura, norte da África, na atual Argélia, no século II d.C., tendo sido depois educado em Cartago e Atenas.

Interessado em ocultismo, Apuleio viajou a Trípoli com a idade de 29 anos, sendo acometido de grave doença quando estava em companhia de amigo, o Ponticiano. Levado à casa de uma viúva rica, na época com 40 anos, veio a se casar com ela.

Os parentes de sua esposa vieram a acusá-lo, entretanto, de usar as artes da magia para seduzir sua mulher e apropriar de seus bens. Apuleio dispensou o advogado de defesa e defendeu-se a si

---

67. *Psicopompo*: Palavra grega derivada de *Psique*, alma, e *Pompós*, guia ou condutor. A palavra (um dos epítetos do deus Hermes) quer dizer: *condutor ou guia de almas*.

próprio. Em seu discurso de defesa, *Apologia* ou *De Magia*, Apuleio demonstrou todas as suas qualidades como retórico e filósofo. Este discurso é ainda um testemunho acurado da ciência oculta no mundo antigo. Nele Apuleio evitou o motivo delicado da magia e demonstrou a pureza de suas intenções[68].

Apuleio parece ter se dedicado em sua juventude a criar poemas para jovens companheiros e teria uma orientação sexual pouco definida, seria bissexual ou homossexual. O seu posterior casamento com uma mulher bem mais velha da qual veio a se tornar dependente financeiramente são traços de uma personalidade a qual a psicologia analítica chama de *puer aeternus*.

Jung usou esta denominação a partir de Ovídio, que em sua obra *Metamorfoses* assim denominou o jovem deus Eros, representado *sempre jovem*, alado, e portando uma aljava com suas setas do amor.

O complexo do *puer aeternus* define bem a personalidade apegada a uma figura materna bastante forte, com estreitos vínculos à infância, com dificuldades a entrar no tempo histórico do viver e do envelhecer, como aparece tipicamente no personagem de Wilde, Dorian Gray. É significativo que a expressão que define uma psicopatologia arquetípica, *puer aeternus*, tenha tido origem na descrição de Ovídio de Eros, personagem central em nossa narrativa e que nos chegou através de Apuleio, um *puer aeternus avant la lettre*.

A estória de Eros e Psiqué aparece à maneira de conto de fadas antigo inserido no romance iniciático de Apuleio *As Metamorfoses*. O livro como um todo narra a iniciação do autor nos mistérios antigos de Ísis. Esta iniciação leva o autor a uma meta-

---

68. Veja todas as citações sobre a vida de Apuleio e a criação de seu livro *As metamorfoses* em Von Franz, 1980.

morfose simbólica em asno, até a uma posterior redenção, nas terras do Egito, após comer rosas, podendo assim retomar sua forma humana. O asno, símbolo de *Seth*, o princípio do mal e do obscuro, personifica aqui a estrutura central em toda religião de mistério: a descida do adepto às regiões obscuras do instinto e a *apokatástasis* [restauração] final: uma salvação com restauração à forma original primitiva.

O desenrolar do drama de *Metamorfoses* é entremeado de estórias, algumas oníricas, outras referidas ao plano da realidade externa, que falam da viagem de um certo *Lucius* (nome que deriva do latim *lucere, lux,* quer dizer *luzir, luz*) que simboliza *a capacidade de ganhar consciência através da experiência* (VON FRANZ, 1980: 18). Entre estas estórias está a fábula de Eros e Psiqué, sem dúvida já preexistente no mundo antigo, mas da qual Apuleio lança mão para descrever sua iniciação em forma metafórica.

As estórias são diversas e seus personagens são, de uma forma ou de outra, expressões de conteúdos psíquicos do próprio Apuleio, ou do seu *alter ego Lucius,* e de conflitos e contrastes culturais de seu próprio tempo. A primeira estória fala de um personagem chamado *Sócrates* que é assassinado pela bruxa *Meroe.* Apuleio dá ao personagem o nome do pai do racionalismo no Ocidente não por acaso; a bruxa, representando o poder da Grande Mãe, pode assaltar a capacidade discriminatória consciente.

Lucius ouve a desditosa estória de Sócrates, narrada por um companheiro de viagem deste último, *Aristômene*, a quem a feiticeira *Meroe* tentara incriminar pelo assassinato de Sócrates. No entanto, nosso personagem ouve sem se emocionar, um mecanismo típico de *cisão* ocorre, como é frequente percebermos na clínica de *personalidades fronteiriças (borderline)*, como é o caso de *Lucius-Apuleio* (SALANTI, 1992: 248).

Entretanto, o sacrifício inicial da posição racional *parece ser necessário* para que todo o processo de transformação psicológica ocorra. Em sua viagem, Lucius encontra uma mulher estranha, *Panfília* ("o amor para todos"), uma prostituta representando o princípio do Eros numa forma menos diferenciada. *Fotis*, uma bela escrava da casa com quem Lucius se envolve emocionalmente, representa a função *anima* de forma mais característica e criativa.

Se, por um lado, períodos de intensa indiscriminação sexual podem anteceder a verdadeiros surtos psicóticos (a metamorfose em asno), por outro lado o arquétipo da Grande Mãe, representado pelas diversas figuras femininas com um marcado tom erótico, é fundamental para que todo o processo se desenvolva.

Na verdade, a moral burguesa convencional com sua tendência às monótonas repetições não leva a grandes renovações. Estamos aqui nos aproximando do conto *As metamorfoses* como um todo, e procurando suas correspondências com a personalidade de Apuleio. Percebemos o autor, logo de início, como um *puer aeternus*, e, embora tenhamos dados um tanto esparsos de sua biografia, podemos seguir Von Franz e afirmar: era uma personalidade dividida, racional por um lado, mestre de um racionalismo cheio de maneirismos, mas dissociado de seus instintos básicos e de sua sexualidade[69].

A questão básica da estória de Lucius é a relação com o *numinoso* vivenciado através do arquétipo da Grande Mãe, no caso por uma personalidade dissociada, solar, defendida em seus racionalismos. Este tipo de *atitude solar* não é adequada nem para o indivíduo confrontar-se com seu inconsciente, nem para o terapeuta trabalhar material arcaico de personalidades fronteiriças assalta-

---

69. Von Franz, 1980, p. 8, cap. "Lucius e o seu tempo".

das por imagens numinosas do inconsciente. Lucius visita sua tia *Byrhaena*, em cuja casa vê um baixo-relevo que mostra *Acteon* espionando *Ártemis* nua, tomando banho em seu bosque sagrado. O mural faz referência ao conhecido episódio mitológico que Ovídio narra assim:

> A deusa ergueu-se bem alto acima de tudo mais... Embora tivesse sem obstáculos as flechas ao seu alcance, pegou o que tinha, a água, e lançou no rosto do jovem. E ao derramar as gotas vingadoras sobre os cabelos dele, disse estas palavras, pressagiando a sua sina futura: "Agora você está livre para contar que me viu inteiramente nua – se puder fazê-lo". Não disse mais do que isto; mas na cabeça que borrifara fez crescer os chifres do veado longevo... e vestiu o seu corpo com uma pele pintalgada... E, no fim de tudo, implantou o medo em seu coração... Quando ele vê as suas feições e os seus chifres num poço de águas claras, "Oh, ai de mim", tenta dizer, mas não vem palavra alguma...
>
> Enquanto está de pé aturdido, vê os seus cães de caça... A matilha toda, ávida de desejo de sangue... o persegue... Ele foge... Deseja ardentemente gritar: "Sou Acteon! Reconheçam seu próprio dono!" Mas as palavras não ajudam seu desejo... Toda a matilha se reúne e todos os cães juntos cravam as garras na carne dele até não haver mais espaço para mais ferimentos... Eles se amontoam por todos os lados dele e, mergulhando o focinho em sua carne, mutilam o seu dono na forma ilusória de cervo. Enquanto, como dizem, não foi morto por muitos ferimentos, não se aplacou a cólera da deusa portadora

de flechas (OVÍDIO, *Metamorfoses*, Livro III, apud SALANT, 1992: 251).

O mural retrata de forma clara os perigos que ameaçam Lucius: seu olhar curioso e pouco sábio para o arquétipo do feminino pode levá-lo a um processo psicótico. As advertências de sua tia Byrhaena, de que Panfília é uma feiticeira perigosa, só servem para aumentar a curiosidade de Lucius com relação à magia.

Ajudado por Fótis, observa como Panfília usa um unguento para se transformar em pássaro e voar para uma experiência de sedução. Lucius, ao tentar imitá-la, recebe de Fótis um preparado errado, transformando-se em asno.

As diversas configurações femininas no desenvolvimento da estória de Lucius-Apuleio personificam as diversas configurações do inconsciente durante o penoso processo de estruturação egoica de uma personalidade *borderline*. Byrhaena, com seus sábios conselhos e acolhimento, personifica configurações do arquétipo da Grande Mãe positivos e dos quais a personalidade fronteiriça tanto carece. É o continente que estrutura, é o recipiente afetivo não-verbal que organiza emoções do ego em estruturação; é o analista como continente nas transferências simbióticas.

É importante assinalar que o aprendizado na casa de Byrhaena não é só verbal, mas é também, e principalmente, não-verbal, pela cena em baixo-relevo de *Acteon* e *Ártemis*. Lucius encontra-se, entretanto, sem condições de assimilar estas verdades, possuído que está pelo *numinoso* do inconsciente coletivo.

A magia de Panfília simboliza o caráter incestuoso que o contato com o inconsciente adquire com uma personalidade tipo *puer aeternus*, como Lucius. A busca do unguento mágico não é para ele um motivo religioso de transformação interior, ou de redenção (nestas situações o princípio feminino revela todo o seu caráter regenerativo), mas no caso de Lucius a busca é de *poder*, o que se revela catastrófico.

O asno tem simbologia específica, antes da época em que Apuleio escreveu *As metamorfoses*. É símbolo de Seth, o deus eterno inimigo de seu irmão Horus, e que desmembrou Osíris; símbolo das trevas e do perigo, Seth personifica a compulsão sexual e a emoção agressiva avassalora. O asno também foi consagrado tradicionalmente a Dioniso, em seu aspecto de intoxicação. Salant (1992: 260) menciona o fato de que algumas pessoas se sentiram transformadas em animais durante vivências psicóticas. Este é um achado que coincide com relatos de alguns pacientes psicóticos que acompanhamos. Este parece ser o sentido psicológico da metamorfose em asno.

Logo após o *regressus ad uterum* incestuoso de Lucius, outras figuras simbólicas irrompem em sua viagem simbólica: ladrões o levam (na condição de asno) e a Fótis. Uma grande *via dolorosa* tem início então para o nosso personagem, pois embora saiba o caminho para recuperar a forma humana – o comer rosas – não pode fazê-lo, pois isto significaria a morte perante seus raptores.

Levado à caverna dos ladrões, Lucius, transformado em asno, ouve a estória de Eros e Psiqué narrada por uma *velha bêbada*. A narrativa ocupa boa parte do livro de Apuleio, constituindo seu motivo nuclear. O que Byhraena antes não propiciara – a redenção de Lucius – somente a velha bêbada será capaz mediante o conto simbólico que antecede o comer as rosas redentoras da deusa Ísis.

O *puer aeternus* não tolera via de regra posturas terapêuticas de intervenção baseadas no princípio da realidade. O analista deverá ser o mais possível sintônico com suas fantasias arquetípicas que povoam o material analítico. Se o processo de individuação esquematicamente é realizado pela sombra, *anima/animus* e si-mesmo, nestes pacientes, que possuem frequentes fantasias religiosas, o caminho é exatamente invertido; o analista deve acompanhar os processos religiosos do si-mesmo iniciais até a descida à sombra. Neste contexto situa-se o contraste dos conselhos apolíneos de Byhraena e o conto de Eros e Psiqué narrado pela velha bêbada.

O conto de Eros e Psiqué é um relato do arquétipo do *coniunctio*. Lucius não realizara sua união criativa com sua *anima*, personificada pela escrava Fótis; ao contrário, esta lhe dá o *unguento errado* e o leva a uma regressão patológica, isto é, a uma possessão pela *anima*.

O comer rosas é um símbolo muito profundo do caráter transformador e regenerador do feminino. Só através deste ato ritual Lucius será capaz de recuperar sua forma humana. A *rosa* simboliza o aspecto transcendental do princípio feminino; em sua forma mandálica representa a totalidade alcançada pela ascese purificatória concretizada por seus espinhos. Compreende-se assim que o mergulho de Lucius no estado de asno inclui um processo religioso transformador.

Sem dúvida, tomando os dados pessoais de Apuleio conhecidos, podemos considerar Lucius como um *alter ego* seu, a viagem de Lucius como sua própria iniciação nos mistérios de Ísis (a deusa a quem pertencem as rosas), os diversos contos das *Metamorfoses* como símbolos de seu processo de individuação, o conto central do livro, *Eros e Psiqué*, como seu problema básico a ser resgatado.

Se por um lado Psiqué executa as quatro dificílimas tarefas, necessárias para seu desenvolvimento psicológico, Eros, embora aparentemente distante, tem uma tarefa igualmente importante: diferenciar-se de sua mãe Afrodite, que o domina completamente, e resgatar sua *anima* Psiqué. Eros deve deixar de ser um *fils a maman*, um *puer aeternus*, como o chamou Ovídio.

O *opus individuationis* de Psiqué

Tratemos agora da estória de Eros e Psiqué propriamente dita e seu simbolismo. Psiqué era uma mulher mortal extremamente bela, tão bela que os homens, encantados com sua suprema beleza, passaram a adorá-la no lugar da deusa apropriada para essas venerações, Afrodite, a deusa do belo universal. Os altares de Afrodite se tornaram vazios[70].

Tomada de ódio vingativo, Afrodite determina que seu filho Eros faça Psiqué apaixonar-se pelo mais feio dos homens. Seus pais consultam o Oráculo de Apolo em Mileto sobre o fato de Psiqué não ter nenhum marido. A resposta do oráculo é terrível, determinando que ela seja exposta em um rochedo para se unir a um terrível monstro. Afrodite envia seu filho Eros com ordens para vigiar Psiqué no rochedo. No instante em que a vê, Eros se fere com uma de suas flechas em sua aljava e se torna perdidamente apaixonado pela belíssima moça. Ordena ao vento Zéfiro que a transporte ao seu palácio e lá vivem maritalmente e felizes. Há porém uma interdição: Psiqué não pode saber jamais quem é seu marido. Eros vive no Olimpo próximo à sua mãe Afrodite e só vem visitar sua amada à noite, às escuras, para não ser reconhecido. Nesse estado de inconsciência Psiqué é feliz, é atendida em todos os seus desejos por *vozes* e acaba por engravidar.

No entanto, as duas irmãs de Psiqué saem em sua procura e acabam por encontrá-la em seu belo castelo. Tomadas de profun-

---

70. Psiqué se torna presa do fenômeno da *hybris*, tão presente no ciclo dos heróis e humanos escolhidos: o *pecado do orgulho*, o fato de o humano achar-se semelhante ou superior ao deus. Esse processo desencadeia a *nêmesis*, ou vingança divina. Whitmont (1978: 99) sugere um interessante (porém trágico) caso de neurose moderna por identificação de uma mortal com Afrodite: A atriz Marilyn Monroe relatou sonho no qual se via na igreja. A sonhadora percebe que está nua, e que todas as pessoas presentes estavam prostradas aos seus pés.

da inveja, querem que Psiqué revele quem é o seu marido e a moça no início mente, inventando uma estória, mas acaba confessando que na verdade não sabe quem é seu cônjuge. As irmãs acabam convencendo Psiqué que ele é uma serpente monstruosa. Sugerem que ela se aparelhe com uma lamparina para iluminá-lo à noite e uma faca para matá-lo. Totalmente convencida, a jovem aproxima-se à noite para livrar-se do monstruoso cônjuge, mas ao chegar perto do deus adormecido, iluminado pela frágil luz da lamparina, cai em êxtase diante de tanta beleza imortal. Fere-se em uma das setas da aljava do deus do amor e fica por ele perdidamente apaixonada. Um pouco do óleo fervente da lâmpada cai sobre o ombro do deus, ferindo-o. Eros, amaldiçoando a quebra da proibição por Afrodite, voa até o Olimpo, com a firme intenção de nunca mais ver sua amada.

Tomada de profunda depressão, Psiqué tenta matar-se, lançando-se às águas caudalosas de um rio nas proximidades. Mas as próprias águas do rio, encantadas com a beleza de Psiqué, de um movimento a lançam de volta à terra firme. Pã, que repousava ali perto, consola a heroína, sugerindo-lhe que não desista e saia em busca de Eros. É o que a moça faz, passando a procurar seu amado por toda a parte. Acabou por chegar por acaso ao Palácio de Afrodite.

Afrodite, sabendo que Psiqué não só não fora entregue a um monstro, mas, além disso, tinha seu filho como amante, é tomada de ódio violento: rasga as vestes da pobre moça, além de espancá-la com violência. Propõe a seguir a Psiqué as quatro famosas tarefas. A primeira delas parecia dificílima e intransponível: separar uma grande quantidade de sementes de diferentes tipos, em uma só noite. Uma tarefa impossível para qualquer mortal. Psiqué adormece aos prantos, quando formigas apiedando-se dela realizam a tarefa de separação das sementes.

Afrodite mal pode acreditar no cumprimento da tarefa, e propõe uma mais difícil: Psiqué deveria apanhar flocos de lã dourada diretamente do dorso de carneiros que pastavam em local próximo. O problema é que os carneiros eram extremamente ferozes e atacariam com chifradas violentas e mordidas envenenadas quem se aproximasse deles, reduzindo a pessoa em pedaços. Psiqué se desespera e pensa em lançar-se em rio próximo, matando-se. Um caniço à beira do rio aconselha Psiqué: a lã só deverá ser apanhada ao pôr do sol. Os carneiros se mostravam ferozes somente com o sol a pino. Ao entardecer, os animais iriam repousar junto a árvores e os ambicionados flocos de lã ficariam presos nas ramagens. Bastaria a quem quisesse sacudir as ramagens e obter a lã dourada. Psiqué assim o faz e consegue apanhar a lã.

Tão logo esta tarefa é realizada, a deusa do amor propõe a terceira e mais difícil tarefa até então: a amante de seu filho deverá escalar um rochedo íngreme e buscar água de uma fonte que jorrava do alto. Essa nascente era guardada por dois dragões. A água dessa fonte iria alimentar os próprios rios infernais, o Cocito e o Estige. A água deveria ser entregue à própria Afrodite, em um vaso de cristal que ela lhe forneceu. Psiqué não tinha ideia de como chegar à nascente e enfrentar os perigosos dragões, desespera-se, não consegue mesmo escalar a íngreme penedia, pensa em matar-se quando o próprio Zeus, em sua forma de águia, manifestou-se para ajudá-la. Tomando do vaso, buscou a água do rio que nascia no alto entre duas pedras perigosas. Entregou o vaso repleto da água procurada nas mãos de Psiqué.

A quarta tarefa seria a mais difícil de todas: Psiqué deveria descer ao mundo subterrâneo, apresentar-se a Perséfone, rainha dos mortos, e, em nome de Afrodite, requerer dela uma porção do creme de beleza imortal, apanhar o creme e voltar, oferecendo-o a Afrodite. Há também uma interdição: não poderá olhar o creme, ou tomá-lo para si. Uma tarefa difícil para qualquer herói. Psiqué se desespera e vai até uma torre, de onde pretende se lançar, matando-se. A torre conversa com a heroína, dando instruções de como apanhar o creme da beleza. Deve levar um bolo de cevada e mel em cada mão para apaziguar o cão Cérbero, que guarda o mundo de baixo; deverá levar também duas moedas para fornecer ao balseiro Caronte para pagar sua viagem de ida e de volta. Não deverá dar atenção ou ajudar a ninguém. Psiqué assim procede, oferece o bolo ao cão guardião do umbral, remunera o barqueiro dos mortos. No mundo de baixo encontra um homem manco com um burro também manco, que carrega lenha[71]. Embora ele lhe peça, não o ajuda. Após apanhar o creme da beleza com a rainha dos mortos, ao voltar pelo rio com o barqueiro um velho sai das águas e pede ajuda. Psiqué cumpre o que lhe foi dito, ignorando os pedidos.

Feita toda a viagem, ao subir ao mundo dos vivos Psiqué acaba cedendo ao mais feminino dos impulsos: tomada de incontrolável curiosidade (a eterna *curiositas*...) abre a caixa da beleza e olha o creme. Tão logo o faz, é tomada do sono irreparável dos mortos. Mas Eros, sendo deus, presenciando tudo e emocionado com o esforço de sua amada, desce ao mundo dos mortais e a toca com uma de suas flechas, despertando-a. Transporta-a até o Olimpo. Com a permissão de Afrodite, Psiqué é tornada uma deusa imortal, casa-se com Eros, tem uma filha com ele cujo nome é Volúpia[72].

Essa é a lenda de Eros e Psiqué, sintetizada, baseada na versão de Apuleio. Narra como a alma humana, através do amor,

---

[71]. Von Franz interpreta a imagem do asno coxo com um condutor igualmente coxo como representando *a indecisão* (VON FRANZ, 1980). Ajudando o burriqueiro coxo, Psiqué estaria cedendo à indecisão.
[72]. Sintetizado a partir de Brandão (1987), Neumann (1973b) e Von Franz (1980).

pode diferenciar-se dentro do que em psicologia analítica denominamos *o processo de individuação*. O pecado de *hýbris*, o orgulho, ocorre quando o herói, o impulso arquetípico para buscar a origem divina em cada um, dá à personalidade consciente a fantasia que as qualidades transcendentes que percebe em si pertencem ao ego consciente, somente a ele, tendo origem no ego. As coisas devem ser postas em seu devido lugar, para que o indivíduo perceba a origem transcendente das qualidades que assomam à sua consciência provenientes do mundo arquetípico do si-mesmo. O *mitologema da exposição*, pelo qual também passa Psiqué, fala da vivência de isolamento e perda de referência inicial, na busca de um processo de individuação.

Somente pelo amor pode a alma (Psiqué) diferenciar-se em direção à sua origem arquetípica divina. A interferência do divino sopro (vento Zéfiro) é fundamental para as experiências espirituais nas quais o indivíduo é transportado para um *temenos* (local apropriado para uma cerimônia sagrada, protegida) – o Castelo de Eros – de encontro ritual (*coniunctio oppositorum*) com sua natureza divina. Esse encontro se dá em estado psicológico transcendente, diferente do cotidiano do indivíduo.

As irmãs representam a *sombra* ou as resistências do indivíduo à transformação psicológica. Portanto, embora aparentemente negativos esses conteúdos sombrios trazem movimento e retiram o ego de sua condição de inconsciência inicial[73].

Enquanto o indivíduo é servido por *vozes* ele está guiado somente por sua intuição e sensibilidade, não estando consciente ainda do processo de confronto com o inconsciente. É um estado muito semelhante ao processo de análise em seus estágios iniciais,

---

73. Semelhante ao pecado original cristão, que Agostinho denominou *felix culpa* (culpa feliz), por retirar o casal primordial da inconsciência do paraíso.

quando o paciente está preso em projeções e culpabilizando sempre o outro por tudo que lhe ocorre, com pouca capacidade de reflexão. A faca que lhe é dada representa a discriminação mental, o pensamento racional, pois a natureza do divino é apenas intuída. Com a lâmina do pensamento lógico a natureza e essência de novo conteúdo poderá ser integrado à consciência. A lamparina, luz do ego consciente, é a visão consciente do novo valor a ser integrado, luz que empalidece frente à luminosidade divina de Eros (*insight* proveniente do arquétipo inconsciente, que modifica totalmente os antigos valores da consciência).

O confronto direto do novo conteúdo arquetípico (belíssimo deus adormecido) normalmente é impossível ao ego adaptado pela *persona* ao cotidiano da vida da consciência. Esse confronto leva a uma inflação que pode ter manifestações clínicas, com transtorno de consciência, sentimentos de onipotência e desadaptação. O penoso trabalho das quatro tarefas levará a uma gradual integração do novo conteúdo[74]. Após o grande *insight* inicial, o ego deve inicialmente seguir seus instintos e impulsos subliminares (formigas) para discriminar e melhor conhecer seus potenciais dormentes no inconsciente (sementes). Na verdade, esses potenciais sempre estiveram lá, mas o indivíduo, dominado pela atitude consciente voltada somente para a adaptação ao cotidiano, não percebe essas sementes adormecidas. É necessário discriminá-las dentro da massa confusa inconsciente para que possam germinar.

A segunda tarefa também reforça essa ideia de contato maior com o inconsciente que a personalidade deve se habituar a procu-

---

74. Jung sugere que durante o processo de individuação o ego fica relativizado, com a gradual emergência dos conteúdos do si-mesmo na consciência. O autor sugere a construção gradual de uma *convivência amigável* entre ego e si-mesmo (Psiqué e Eros!) na consciência como objetivo do processo de individuação. (JUNG, 1946/s.d., § 430-432).

rar, pois a luz solar da consciência diurna é incapaz de uma atitude simbólica adequada. O sutil do conselho do caniço da terra (o falo da terra) instintivo sugere a atitude *crepuscular*, com *abaixamento de nível mental*, necessária para usufruir as experiências sutis da dimensão do sagrado[75].

Ainda o contato com os instintos, representado pelo deus Pan, pode garantir uma sobrevivência à personalidade sadia que procura ser mais integrada. Essa integração com a totalidade é alcançada sempre com o auxílio supremo do *si-mesmo* ou *self*. A águia é a *hipóstase*[76] de Zeus frequente, e, nesse caso, o conto expressa o fato de que devemos sempre procurar estar em contato com espírito interno, nunca julgando que a consciência isolada é capaz de todas as tarefas. Á água do Rio Estige é a mesma água que garantiu proteção ao corpo de Aquiles. A água de origem divina, o *refrigério do espírito*, é o consolo no processo de individuação. De origem eterna e transcendente, está também contida nos pequenos limites da personalidade individual (vaso que é dado a Psiqué). A alma deve entrar em contato com o mistério da presença do divino em si.

A torre, elemento artificial, artefato construído pelo homem, marca a presença da consciência humana já mais diferenciada na quarta e última tarefa. De suas alturas a personalidade pode discriminar e ver ao longe, mas pode também ter fantasias de autodestruição. O pensamento que discrimina pode também tomar decisões contrárias a qualquer processo construtivo. No caso, as

---

75. Lembramos que certos estados psicopatológicos ocorrem com a diminuição do campo da consciência, e por isso são chamados *estados crepusculares* (*estado crepuscular histérico*, por exemplo). Mas a *criatividade* também ocorre nesses momentos crepusculares, quando a razão crítica deve ser relativizada.

76. *Hipóstase*: Representação equivalente eficaz de um deus.

decisões sobre a quarta tarefa são todas tomadas a partir dos conselhos da torre, que simbolizam decisões e discriminações mais derivadas da reflexão pessoal de um ego independente e responsável, não uma sabedoria que parte de impulsos (formigas), instintos (caniço e Pan), mas de um *reflexio* autoconsciente. Assim, as decisões de levar bolos de mel para Cérbero, dar moedas para o barqueiro Caronte e de não dar ajuda a qualquer ser, provêm de costumes já da tradição antiga presentes nos demais processos de *catábase*[77] ao reino dos mortos. Derivam de reflexão mental individual. Aqui percebemos o indivíduo em grau decisivo, respondendo com suas escolhas e reflexões pelo seu destino. E o fator escolha individual, ética, é fundamental. Não se pode esperar que o inconsciente *resolva* todos os problemas interpostos no caminho da individuação, pois esse é sempre um árduo diálogo entre a responsabilidade consciente e a criatividade do inconsciente.

À semelhança de Orfeu, entretanto, nossa heroína *olha para trás*, isto é, olha com curiosidade o creme da beleza de Perséfone, quebrando o interdito da tarefa. Esse interlúdio inesperado parece-nos ocorrer por uma razão: enquanto as três primeiras tarefas são executadas por Psiqué, auxiliada por algum ajudante divino, um *deus ex machina*, que simboliza no caso a dependência do ego do arquétipo do si-mesmo para a realização do processo de individuação (*ajuda de um elemento interno, subjetivo*), a quarta e última tarefa, a mais misteriosa e difícil, tem o concurso do próprio Eros. O concurso de Eros parece significar que o processo de individuação só pode ser completo com *o diálogo com o outro*

---

77. *Catábase:* Descida ao reino dos mortos. Normalmente diz-se do processo de morte iniciática do herói, que desce ao mundo de Hades e renasce, subindo ao mundo dos mortais, com a consciência transformada (anábase). Nos processos analíticos, espera-se que esse processo ocorra, simbolizando a transformação de consciência do analisando.

(*ajuda externa*). *A interação com o outro*, que vê o processo de fora, favorece e ajuda a contenção do processo de individuação pela consciência. O indivíduo sozinho cai frequentemente *em sono letárgico*, isto é, fica adormecido nas projeções dos conteúdos inconscientes e não consegue o confronto discriminativo eficaz. *Esse outro* do conto pode ser personalizado por relacionamentos significativos na vida de cada um ou evidentemente pela figura do seu próprio analista pessoal. Eros fecunda Psiqué, promovendo a individuação; esta *coniunctio*[78] de Eros com Psiqué, nossa própria alma, fundamental para a autorrealização, em termos do *setting terapêutico* moderno foi chamado de *transferência*.

Somente após ouvir o conto de Eros e Psiqué, metafórico da *coniunctio* do Eu e do Outro, Lucius está apto para completar seu ciclo iniciático e ingerir as rosas de Ísis. Abre-se, assim, uma possibilidade de transformação da personalidade.

---

78. Jung tomou a alquimia como metáfora do processo de individuação ou realização da personalidade. Entre as operações da alquimia antiga, a *coniunctio* (a conjunção dos opostos) é tida como a mais importante, a última das operações (cf., no cap. 5, o Mito de Atalanta).

8 Mito e criatividade
Hefesto, o deus da *téchne**

A configuração arquetípica de Hefesto nos mostra inicialmente um deus periférico, não incluído na ordem patriarcal do Olimpo, coxo, rejeitado pelos pais, lançado ao mar. Quando pensamos nos olímpicos, nos veem à mente Apolo, Atená, Zeus e Hermes. Pouco pensamos em Hefesto, o único com deformidade física, o único deus que trabalha. Hefesto é um *filho de sua mãe*, como costuma se dizer, há uma ausência do princípio do pai, que psicologicamente representa a tradição, os valores socialmente aceitos.

O padrão de consciência de Hefesto é aquele que não se insere na ordem socialmente aceita, nos valores coletivos e na tradição. Estes têm um duplo aspecto: sob um ponto de vista são formativos, psicopedagógicos; por outro, podem ser repressores e produtores de neurose. Uma relação defeituosa com o arquétipo do pai ou Zeus pode levar na adolescência a condutas marginalizantes, sociopáticas, deliquenciais. Segundo o mito, Hefesto passa a maior parte de seu tempo debaixo do monte do vulcão Etna, em suas forjas, em seu constante trabalho artesanal. Estar debaixo da terra nas forjas pode, em alguns casos, deixar de ser

---

* Artigo publicado anteriormente, com pequenas modificações, em *Mitos e arquétipos do homem contemporâneo*.

um processo criativo para ser antes uma fuga das interações sociais produtivas.

Hefesto representa na verdade, como referiu M. Stein, *um padrão de introversão* (cf. STEIN, 1980). A libido se volta para o inconsciente e pode funcionar de forma criativa, transformando a personalidade, ou de forma patológica, como defesa esquizoide. As forjas subterrâneas falam de emoção contida, de difícil expressão.

Hera faz nascer Hefesto a partir de uma competição com Zeus, pois este fizera nascer Atená de sua cabeça, partenogeneticamente, e Hera quer fazer o mesmo. Hefesto não é o produto da relação amorosa, mas da competição irada dos pais. Hera atua como a mãe narcisista rejeitadora; Hefesto surge nesta interação neurótica. Segundo Slater, Hefesto não reage com o matricídio, como Orestes, ou com o distanciamento, como Apolo, ou com o estupro, como Zeus, mas antes com uma espécie de *autocastração*; não no sentido concreto do termo, mas seu aleijão se refere ao estar castrado nos relacionamentos e na agressividade (cf. SLATER, 1971b).

Em sua psicopatologia, Hefesto não adequa seus fogos ao social, mantendo-se introvertido, debaixo da terra, fruto de uma relação com uma mãe narcísica e um pai ausente que não lhe serve de modelo.

Entretanto, o episódio em que *o senhor dos nós* ata sua mãe Hera a um trono dourado é bastante elucidativo. Após prender Hera, Hefesto refugia-se em sua oficina; Ares tenta levá-lo de volta ao Olimpo e é afastado com chamas; somente Dioniso consegue levá-lo em um burro, seu animal sagrado, após embriagá-lo com vinho. Hefesto solta Hera e obtém Afrodite como esposa. Prendendo Hera, Hefesto libera-se a si próprio do complexo materno negativo; sua *anima* transfere-se da mãe à esposa com auxílio de Dioniso *lisios* (o libertador).

O homem identificado com o arquétipo de Hefesto pode ser ajudado em certas circunstâncias pela perspectiva de Dioniso, mais extrovertida.

A depressão de Hefesto advém de sua introversão mal resolvida, sua libido mantida no inconsciente. Os pés tortos de Hefesto contrastam com os pés rápidos de Ares, o fálico deus da guerra. *Apédanos* Hefesto (*o frágil*) contrasta com *Artipós* Ares (*o de pés rápidos*) (STEIN, 1980: 76).

Somente pela criatividade poderá Hefesto elaborar sua raiva e sua depressão depositadas nas entranhas da terra. Esta poderá simbolizar o próprio corpo da personalidade regida por Hefesto, que estará sujeita a diversas manifestações psicossomáticas por não saber canalizar sua libido – seus fogos.

Devemos lembrar-nos sempre que o deus da *téchne* é o único do Olimpo a apresentar deformidade física. Quando pensamos nos olimpianos, lembramos sempre do belo Apolo ou da pura Atená, deuses de aparência perfeita, ligados à consciência, civilizatórios por excelência.

Hefesto, o coxo, já coloca outra questão. É denominado o *odd number*, isto é, *o ímpar*, devido ao seu aleijão (BRANDÃO, 1991). Os números pares estão ligados a tudo o que é criado; o ímpar, pertence ao espírito, ao uno. Hefesto é o deus da iniciação e do espiritual. Não é um deus das claridades hiperbóreanas, como Apolo, mas habita, isto sim, as obscuridades sob o Monte Etna, onde estão suas forjas e seus fogos. Simboliza, portanto, um princípio criativo do inconsciente, uma luz noturna, a *lumen naturae*, como mais tarde diriam os alquimistas. Seus fogos são, pois, diversos dos fogos de Apolo, ou mesmo do fogo de Prometeu, que representa a própria luz da consciência, ou, como diríamos psicologicamente, o ego.

Os fogos de Hefesto simbolizam a uma nova consciência que brota do inconsciente, centelhas e fagulhas intuitivas que norteiam o ego consciente em novas direções, relativizando-o, removendo-o de sua onipotência.

No domínio da luz hefestiana estão os sonhos, as fantasias e devaneios, que, quando corretamente percebidos e integrados, alterarão a unilateralidade da atitude consciente. Daí ser Hefesto o senhor da *téchne*. Aristóteles definiu a *téchne*, como sendo: *agir como a natureza age*. É, portanto, um processo mimético da natureza, que é elevada, entretanto, à categoria de símbolo; é a característica simbólica do ser humano consciente, o que levou Cassirer a defini-lo como **homus simbolicus**.

O caráter sem-pai de Hefesto o coloca, como já mencionamos, em condição de marginalização no Olimpo, regido por Zeus, o pai de deuses e de homens. Entretanto, esta condição periférica, embora inicialmente neurótica, pode levar a processos criativos e de desenvolvimento da consciência, já que a tradição e a cultura, cujo portador é o pai, têm aspectos ambíguos, sendo tanto de estruturação como de repressão.

O ciclo mítico de Hefesto nos relata que o deus, ao cair do Olimpo, rejeitado por seus pais por sua feiura, de acordo com uma variante, vem a cair no oceano, onde é recolhido pelas ninfas *Tétis* e *Eurínome*. No fundo do mar, passa nove anos, sendo educado pelas ninfas em local cálido e abrigado, chamado *Múkos*, que em grego quer dizer: *local sagrado, mais íntimo, o lugar das mulheres na casa* (STEIN, 1980: 73). Neste lugar feminino, o deus irá aprender as artes da ourivesaria mais sutil, bem como a arte mágica de ferreiro.

Encontramos aqui Hefesto em seu lugar predileto, longe das alturas olimpianas dominadas pelo masculino, cercado pelas intimidades do arquétipo da Grande Mãe, o oceano, as ninfas, onde se dá o ciclo mágico iniciático regido pelo número nove, símbolo da completude da criação na mitologia grega (lembramos a importância simbólica das nove musas).

Na verdade, a criatividade aqui tem papel nuclear no Mito de Hefesto, pois demonstra os aspectos positivos do arquétipo da Grande Mãe; em seus domínios, onde aparecem as águas do oceano, as ninfas, o local feminino oculto debaixo das águas, é lá que Hefesto terá sua iniciação.

Pela criatividade, a personalidade hefestiana elaborará sua libido introvertida, não adaptada ao padrão cultural vigente, determinado pelo arquétipo do pai (Zeus). Esta situação iniciática é arquetípica, e acontece frequentemente em análise, daí o analista junguiano procurar propiciar *técnicas – téchne –* ou *artes expressivas* para seus pacientes. As abordagens interpretativas pertencem ao domínio do *logos*, da palavra, ou do pai; as artes expressivas são da esfera da mãe, do jogo e da criança. E neste contexto simbólico se situa Hefesto, a *criança polimorfo-criativa*.

Talvez Freud procurasse esta criança ao falar da *criança polimorfo-perversa*, personificação da busca incessante da gratificação libidinal. Jung, ao contrário, procura na criança mais um arquétipo, *o arquétipo da criança*, a futuridade *per se*, o vir-a-ser permanente, um dos mais importantes símbolos do si-mesmo, a criatividade personificada por Hefesto[79].

Hefesto irá aparecer no episódio mítico em que Prometeu é atado à penedia por uma punição de Zeus por ter roubado o fogo divino. Em *Prometeu acorrentado*, de Ésquilo, percebemos a nítida contraposição de Prometeu, o portador do fogo da/para a consciência egoica e Hefesto, que é *puro como o próprio fogo,*

---

79. Para o conceito de *criança polimorfo-criativa*, vide Hillman, 1975b.

como comenta Kerényi. O deus dos nós ata agora o herói que se opõe à ordem cósmica, por promover a consciência humana representada pelo fogo.

Esta fixação punitiva do princípio da consciência no rochedo (por ordem de Zeus) não parece paradoxal para Hefesto, sendo ele o senhor da *téchne*, e também o único deus que trabalha? A libido psíquica, aqui simbolizada pelo fogo, deve permanecer no inconsciente, nos domínios dos deuses, e não a serviço do ego. Tal parece ser a culpa de Prometeu.

Na verdade, Hefesto é o senhor das forjas e dos fogos do inconsciente; sua operosidade é a da imaginação e da fantasia, e não a da força repetitiva e compulsiva da tradição consciente.

Hefesto representa mesmo a transição da natureza e da cultura pela atividade simbólica. Tal acontece quando elabora o famoso escudo de Aquiles, no qual está representada toda a beleza do cosmos. E o mais típico exemplo de sua *téchne* é *Pandora*.

Pandora, criada por Hefesto a partir do barro, recebe dele vida pelo seu sopro quente. É, na verdade, um artefato, uma imitação de mulher, mas tão perfeita que pode ser considerada uma representação do próprio princípio feminino. Seus epítetos mostram estas qualidades; é chamada *Anisodora*, a rica em presentes, um atributo da própria Grande Mãe terra.

Como criação hefestiana, *Pandora* personifica a transição entre natureza e cultura que o ato simbólico representa. Os opostos da essência humana, natureza e cultura, são assim elaborados num *sintema*, que não é uma síntese, no sentido hegeliano, pois não postula uma nova tese, na cadeia infindável e insolúvel de opostos que exigem continuamente um terceiro. Este terceiro aqui produzido diz mais respeito à chamada *função transcendente*, atividade simbólica do arquétipo central do si-mesmo através da criatividade do princípio arquetípico personificado por Hefesto.

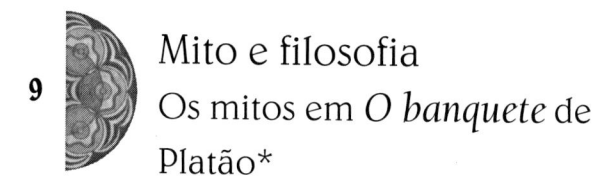

Mito e filosofia
Os mitos em *O banquete* de Platão*

Merece atenção em *O banquete* a estrutura atemporal das várias falas sobre o amor. Platão tem a habilidade ímpar de colocar seu pensamento na boca de vários personagens, históricos ou não, sempre servindo aos propósitos de sua *dialetiké*, em movimento ascensional, em busca da sabedoria.

Colocar o pensamento na boca de vários dá ao diálogo platônico o perfil de um embate de ideias, de uma verdadeira justa filosófica. Esta troca de ideias e de opiniões deverá conduzir a uma percepção mais profunda da verdade.

Em *O banquete*, como é impropriamente chamado este diálogo de Platão, nos países de tradição latina, os diversos personagens debatem sobre a natureza de Eros na casa de Agatão, famoso dramaturgo que ganhara um concurso literário.

Dizemos impropriamente chamado de *O banquete*, pois o que ocorre na casa de Agatão não foi na verdade um banquete, como poderíamos imaginar, mas uma reunião para debater temas filosóficos e beber vinho, um *symposium*. Os saxões são mais fiéis

---

* Publicado anteriormente em *Mitos e arquétipos do homem contemporâneo*.

ao que quis dizer Platão, nomeando seu diálogo *Symposium*, pois na língua inglesa e alemã a palavra foi mantida, significando *o simpósio*. Na verdade, em grego, banquete propriamente dito se diz *Deípnon*...[80]

A estrutura de *diálogo* faz justiça às múltiplas faces de temas tão centrais e transcendentes como a morte, as leis, e, no caso, o amor. Permite um ir e vir das ideias, que, longe de ser uma ambiguidade, é mais uma postura filosófica e psicologicamente rigorosa da abordagem dos símbolos multívocos do ser.

Além das múltiplas falas, *O banquete* desenrola-se em intervalos de tempo separados e descontínuos. O diálogo é apresentado como um relato que *Apolodoro* faz a um companheiro, relato este que já fora feito a outra pessoa, *Glauco*, a pedido deste, muito tempo antes[81].

Mas o que *Apolodoro* relata não foi por ele presenciado, mas sim por *Aristodemo*, que já havia muito tempo lhe contara o que se passou na reunião na casa de *Agatão*. O próprio *Sócrates*, ao pronunciar-se sobre Eros, provoca o recuo temporal-mítico definitivo, ao relatar o que lhe dissera, já havia longo tempo, *Diotima*, sacerdotisa da Mantineia. É como se esta última participasse, de forma indireta, mas definitiva, dos debates filosóficos de *O banquete*.

A sabedoria socrático-platônica sobre Eros aparece assim em diversas falas, entremeadas por lacunas e espaços temporais e míticos. Como se refere J.A. Peçanha, temos aqui Platão em seu auge como dramaturgo-filósofo (PEÇANHA, 1987: 79, 80 e 90).

Imaginando os diversos personagens do debate reclinados dois a dois nos pequenos sofás típicos da época e filosofando so-

---

80. O conceito de banquete como *deípnon*: Prof. Junito de Sousa Brandão, comunicação pessoal.

81. Sobre os intervalos temporais em *O banquete*, Peçanha, 1987, p. 89.

bre a origem de Eros, este visto sobre os mais diversos ângulos, podemos imaginar estas reflexões como sendo muito próximas daquilo que Jung denominou o *circumambulatio*, o andar em torno de um símbolo, no caso, Eros.

Cada personagem dá sua percepção deste conteúdo simbólico arquetípico, terminando por Sócrates-Diotima. Por que Platão reserva à figura feminina a palavra final sobre Eros? Devemos lembrar que mesmo Zeus, o pai de deuses e de homens, obedece, em última instância, à Moira, ao arquétipo da Grande Mãe como destino final de todos os seres.

O banquete relatado por Apolodoro, baseado no relato de Aristodemo, aconteceu no dia seguinte à vitória de Agatão no concurso literário. Sócrates dirigiu-se à casa de Agatão acompanhado por Aristodemo "banhado e calçado com sandálias". J.A. Peçanha interpreta esta passagem como símbolo de purificação, talvez porque Sócrates iria anunciar a ascese apolínea, uma superação do sensório: "calçado de sandálias [comportamento pouco habitual em Sócrates], seus pés já não tocam a terra" (PEÇANHA, 1987: 90).

O médico Erexímaco assume a função de simposiarca, aquele que cuida do vinho. Propõe que não se beba tanto quanto na véspera, que se dispense a flautista. Em vez da embriaguez teremos moderação; em vez da música, o canto dos discursos; em vez de Dioniso, agora predomina Apolo.

Fedro apresenta o primeiro discurso, abordando Eros na sua qualidade de *Protógenes*, isto é, *o primeiro nascido*. Eros é assim colocado em contexto cosmogônico como em Hesíodo e nas cosmogonias órficas. Apresenta-se assim como um grande deus, que surge do Cáos primordial ou do *ovo prateado de Nix*, pássaro negro da noite, como querem os órficos. Alceste, que morreu por seu esposo Admeto e foi trazida por Héracles de volta do Hades, e Aquiles que morreu por Pátroclo, são citados como exemplo de honra em vida trazida pelo amor, pois também *quanto ao morrer por outro, só o consentem os que amam*. Para Fedro, portanto, Eros é o deus mais antigo, o mais honrado e o mais poderoso para aquisição da virtude.

Eros Protógenes está associado nestas cosmogonias ao mitologema dos pais do mundo, Úrano e Gaia, o casal primordial. Como ideia arquetípica, o casal primordial aparece nas mitologias as mais diversas, como a mitologia nagô, por exemplo. Nesta última, aparece a ideia do universo como uma cabaça, a parte de cima é o pai-céu, a parte de baixo, a mãe-terra. No Egito faraônico, os pais do mundo são Nut, a mãe-céu, e Geb, o pai-terra. Nun, a atmosfera, os irá separar, dando origem à criação.

Freud, ao formular o conceito de cena primal, à qual de início viu de forma concreta e posteriormente percebeu como fantasia, uma protofantasia, confrontou-se também com o mitologema dos pais do mundo, uma ideia arquetípica[82].

Nun, a atmosfera, ou Crono, que castra Úrano, são elementos da frustração primordial associada à origem da consciência. Eros, elemento de fusão, é também chamado Phanes, *o que brilha*, estando ligado à consciência. Frustração e fusão, opostos dialéticos, estão presentes no jogo cósmico dos mitos dos inícios, que simbolizam, psicologicamente, a origem da consciência.

A equação de Fedro, *Eros como o mais antigo é também o mais importante*, é psicologicamente válida, mas abarca apenas um diminuto aspecto do amor enquanto símbolo psicológico.

Ao discurso de Fedro, e depois daqueles dos quais Aristodemo não mais se lembrava – quebra temporal –, segue-se a fala de

---

82. Veja as reflexões sobre os pais primordiais como ideia arquetípica e também como protofantasia em Freud no cap. 2: "Cosmogonia e antropogonia – As origens".

Pausânias. Às constantes fraturas no tempo, às quais já me referi, podem também ser associadas as seções de análise. Em cada seção uma fala termina, mas o discurso em torno do arquétipo central da individuação não cessa, e é retomado em tempo posterior, em seção seguinte.

Estes discursos ou histórias são muito próximas da questão simbólica de *As mil e uma noites*. Se Sherazade não contar uma nova estória, o Sultão Xariar a matará, como fizera com suas esposas anteriores. Aqui também o *circumambulatio* tem lugar, a *anima* traz vida ao ego desvitalizado de imagens arquetípicas. Por isto as estórias de Sherazade não têm um fim na mesma noite; o final é deixado para a noite seguinte, quando a estória desemboca em outra, e assim sucessivamente.

Pausânias introduz a divisão famosa entre o Eros urânio e o pandêmio, o primeiro associado a Afrodite filha de Úrano, a celestial, o último ligado a Afrodite filha de Zeus e Dione. Introduz-se aqui um critério valorativo quanto ao amor. Agora é possível dizer: "o amar e o amor não é todo ele belo e digno de ser louvado, mas apenas o que leva a amar belamente".

O próximo a falar seria Aristófanes, mas, acometido de uma crise de soluços, cede sua fala a Erexímaco, que próximo a ele se reclinava. Este, ao contrário de Pausânias, vincula Eros não a Afrodite, mas à *musa Polímnia*, musa da poesia lírica, a poesia dos sentimentos e das paixões, e à *musa Urânia*, a celestial.

A ênfase nas musas é significativa, pois psicologicamente representam a *anima*, a função imagética do inconsciente portadora de inspiração. Mitologicamente, as nove musas são filhas de Zeus e *Mnemósine*, a *deusa Memória*.

Os gregos elevaram a memória à categoria de deusa da maior importância, associada à criatividade – musas – e portadora de renovação psicológica. O recordar é fundamental em qualquer processo terapêutico.

Este recordar não é um mero lembrar-se como na anamnese médica clássica, mas, como quer Hillman, um movimento de *Epistrophé*, isto é, um retorno às origens, ao mundo das ideias, ou das imagens arquetípicas, favorecendo uma conexão do ego com os arquétipos e o processo de individuação[83].

Não é por acaso que Hesíodo presta seu culto às musas do Monte Hélicon, antes de iniciar seu canto cosmológico sobre as origens: origem significa memória, e só as musas podem inspirar o poeta e sua memória; ou mesmo o indivíduo com suas origens arquetípicas.

Erexímaco fala também de Eros como um princípio geral de harmonia no universo, relativo às estações, às plantas, a terra. Tomando a perspectiva de Empédocles, fala de sua arte, sua *téchne*, a medicina, em termos de opostos, Philia e Neikos, Amor e Ódio.

O princípio dos opostos rege não só a medicina, mas a ginástica, a agricultura, a música, "pois também a música, no tocante à harmonia e ao ritmo, é a ciência dos fenômenos amorosos". Erexímaco faz uma exaltação à harmoniosa convivência dos opostos, para que a saúde seja preservada, o equilíbrio seja mantido. Entre todos os discursos é o mais apolíneo e metrado, feito que é pelo simposiarca – aquele que mede o vinho; além disso, um discípulo do deus-médico Asclépio, que por sua vez é filho mítico do próprio Apolo.

A problemática dos opostos é tema central em psicologia analítica. Todo arquétipo traz em si o problema da dialética entre os

---

83. Vide o comentário ao conceito de *epistrophé* em análise no cap. 2: "Cosmogonia e antropogonia – As origens". A relação de *epistrophé* com a recordação em análise é feita por Hillman, 1975b.

opostos; o próprio si-mesmo é chamado por Jung de *Complexio oppositorum*[84]. Mesmo o arquétipo da sombra apresenta aspectos positivos e desejáveis para a consciência, as sementes de um novo desenvolvimento ainda não integrado pela consciência.

O constructo junguiano é todo baseado na tensão de opostos, do ponto de vista energético. Sem esta polaridade não há vida psíquica, apenas o oceano da pré-consciência, ao qual os orientais chamam *Nirvandva*, que quer dizer: *livre de opostos*.

A visão de Erexímaco, que fala de um amor sadio (*philia*) e outro mórbido (*neikos*), segundo os preceitos da medicina de Empédocles, se aproxima mais de uma noção freudiana de pulsão de vida e de morte. Já a noção da psicologia analítica é estritamente monista quanto à libido, energia psíquica ou Eros.

Aristófanes toma a palavra a seguir iniciando seu discurso, e assim diz: "Na verdade, Erexímaco, é de outro modo que tenho intenção de falar, diferente do teu e de Pausânias... [O amor] Tentarei eu, portanto, *iniciar-vos* em seu poder, e vós o ensinareis aos outros"[85].

O início do discurso de Aristófanes é próprio da fala dos mistérios, ele diz de uma iniciação e não de uma mera comunicação verbal, acerca de Eros. É essa a tônica do discurso de Aristófanes, a tentativa de penetrar na essência última do objeto do discurso, e não apenas explicá-lo. E ele, como porta-voz de Platão, o incessante dramaturgo, tentará fazê-lo através da linguagem mítica.

Aristófanes-Platão fala de seres fantásticos que precederam a humanidade atual. Seriam, naqueles longínquos tempos, três ti-

---

84. *Complexio oppositorum*: literalmente, *complexo de opostos*. Expressão pela qual o teólogo medieval Nicolau de Cusa qualificava a própria divindade.
85. Textos de *O banquete*, todos extraídos da série Os Pensadores, tradução do grego do Prof. José Cavalcante de Sousa. S. Paulo: Nova Cultural, 1987.

pos de humanidade: o masculino, o feminino e o andrógino. O primeiro era constituído por duas partes masculinas, o segundo por duas partes femininas, o terceiro, por uma parte feminina e outra masculina.

Inteiriça era a forma de cada um destes seres, redondos, de grande mobilidade e grande poder. Logo, cheios de presunção, desafiaram os deuses, e Zeus, para punir sua *Hýbris*, mandou Apolo cortá-los em duas partes. Desde então, cada metade procura, pelo amor, encontrar a outra que lhe falta.

Aristófanes faz ainda uma exaltação à moderação e humildade dos homens, pois, caso contrário, poderão sofrer nova punição, sendo novamente cortados ao meio, ficando como imagens de perfil como as encontradas em estelas funerárias, petrificadas, mortas, incapazes de comunicação.

Percebemos, pela primeira vez neste diálogo, um mito não canônico, *uma mitopoese platônica stricto sensu*. E é uma linguagem de iniciação em essências profundas, como se o filósofo percebesse que apenas o *cogito* ou a razão discursiva são insuficientes para expressar experiências nucleares do ser.

Jung também fez do mito um instrumento central de conhecimento, desde cedo, quando percebeu grande quantidade de material mitológico emergindo de seus pacientes psicóticos. Com o constructo teórico do inconsciente coletivo e seus arquétipos, procurou ver nos mitos porta-vozes essenciais das imagens arquetípicas.

O próprio instrumental terapêutico junguiano traz o colorido mitológico do método da *amplificação*, método original do emprego de mitos e símbolos culturais para tentar tirar o paciente do isolamento que se encontra em sua neurose[86].

---

86. Sobre o método de amplificação em sociedades tribais (xamanismo) e na psicologia junguiana, ver cap. 1.

O mito do andrógino é, junto com o da caverna, o relato mitológico mais famoso e comentado de Platão. O filósofo não procura explicá-lo; pela boca de Aristófanes a estória é apenas narrada, sem uma preocupação de emprestar logicidade a ela. O mito, ocorrendo como deve ser, *in illo tempore*[87], procura apenas justificar a pregnância de Eros nas relações humanas. O andrógino, como figura original mitológica, de uma humanidade anterior, representa também a totalidade do ser, e é um símbolo do arquétipo do si-mesmo.

Há uma estreita relação psicológica entre a imagem do andrógino como Si-mesmo e os arquétipos da *Anima* e do *Animus*. Estes, para Jung, polarizam com a *Persona*. Assim um homem, com sua *persona* masculina, terá o inconsciente de tonalidade feminina, a *anima*. Desde que não continuamente projetada ou possuindo o ego, a *Anima* torna-se um arauto do processo de individuação para o homem, tendo uma função de psicopompo, ligando o ego ao Si-mesmo. O mesmo ocorre com o *Animus* na mulher. A integração dos opostos sexuais (o andrógino) é, portanto, símbolo do processo de individuação.

A fala de Agatão que se segue mostra a admirável habilidade de Platão em lidar com os opostos no próprio ritmo da narrativa. O discurso de Eremímaco, extremamente contido e lógico, prepara o advento da comunicação iniciática de Aristófanes; teremos agora um breve intervalo de superficialidades em torno do amor antes das profundas reflexões de Sócrates-Diotima.

O discurso de Agatão é literário, apenas; Eros é descrito em sua aparência jovem, frágil e fugaz de uma estatueta de um cupi-

---

87. *In illo tempore* – Expressão consagrada por Mircea Eliade para expressar o fato de que a ação mitológica se dá em tempos originais, num passado remotíssimo (cosmogônico, ou de criação demiúrgica), tornando-se assim *exemplar* para toda a sociedade. O livro do Gênese é um exemplo de ação mitológica *in illo tempore*.

do romano. Eros não é o primeiro nascido, não é princípio cosmogônico nem força universal de atração.

Ao contrário, é o deus mais jovem, o mais belo e o mais feliz, buscando sempre também a companhia dos jovens, fugindo sempre da velhice. É de tez bela, é delicado e úmido, pois a tudo se adapta. Como sintetiza Agatão: "[...] no feio não se firma amor".

Afinal, chega a vez de Sócrates, que pede inicialmente permissão para falar à sua moda, o diálogo. Passa então a embaraçar Agatão com suas perguntas, levando-o a concluir que Eros não pode, por definição, ser o maior e o mais belo dos deuses. Se o amor é sempre amor de algo, é amor do que não se tem; se ama o belo e o bom é porque é carente do que é belo e bom. Para demonstrar seus argumentos, cita o que aprendera da Sacerdotisa Diotima, da Mantineia.

Assim, pela boca de Sócrates, uma nova personagem acaba participando do simpósio, de forma indireta, mas definitiva. São as artes do dramaturgo Platão.

Diotima é conhecida apenas através deste diálogo e muitos pesquisadores a consideram um produto fictício. Mas, mesmo neste caso, estamos nos movendo no curioso território entre ficção e realidade histórica que revestem os personagens de Platão.

Isto porque outros veem Diotima como uma das sacerdotisas de Apolo, intermediárias entre deuses e homens, e que inspiravam a sabedoria divina. Esta seria uma função comum às mulheres das grandes famílias da Mantineia. Diotima é, como o próprio Sócrates, uma legítima representante do *daimon*, o guia de cada um.

> Dela sabemos, pelo simpósio, que, além de iniciar Sócrates, teria também sido chamada pelos atenienses para conjurar a peste e purificar a cidade. Estava assim a serviço do deus Apolo Pítio, o purificador. Em sua missão religiosa,

amor e purificação estavam intimamente ligados (PEÇANHA, 1987: 96).

Diotima ensina que Eros "é um grande *daimon*", não um deus. Intermediário entre deuses e homens, inspira e nos coloca em contato com o divino, superando a dicotomia entre o mundo das aparências e o mundo das ideias.

Platão faz novamente uso do mito para expressar a natureza misteriosa de Eros. Este não é um mito tradicional, mas um mito platônico, em sentido estrito.

Quando do nascimento de Afrodite, banqueteavam-se os deuses, e presente estava o filho de Prudência, Recurso (*Poros*) Embriagado de néctar, deita-se no jardim, e Pobreza (*Penia*), tramando ter dele um filho, deita-se ao seu lado e nasce então Eros. O fato deu-se pelo natalício de Afrodite, daí a estreita relação entre Eros e esta deusa.

Quando Eros é dito ser filho de *Pobreza* e *Recurso* nesta genealogia platônico-socrática, seu caráter de intermediário é reforçado: da mãe herdou a fome, a carência permanente; do pai as estratégias incessantes que usa para suprir suas necessidades.

Eros concria em metaxis[88], dirá Hillman. Filósofo, Eros existe entre a ignorância e a sabedoria: é a permanente tentativa de passagem de uma a outra. E o que ocasiona é sempre *um parto de beleza, tanto no corpo como na alma*.

A figura de *daimon* de Eros evoca no constructo junguiano o papel que o eixo ego-si-mesmo desempenha no processo de indivi-

---

88. O termo *Metaxis*, embora de uso universal, foi consagrado na cultura brasileira por Augusto Boal, referindo-se ao seu *Teatro do oprimido*. Estar em *metaxis* para Boal é quando a obra teatral se situa entre a arte e a vida cotidiana, apontando soluções para esta última. No caso de Hillman o emprego da expressão quer enfatizar o aspecto mediador e psicopompo de Eros, como legítimo *daimon* que é.

duação. Sabemos que o complexo egoico se estrutura a partir de uma diferenciação do arquétipo central; ao contrário da psicanálise, o ego, na psicologia analítica, é antes um produto do inconsciente coletivo. A geração do ego como centro da consciência se processa pela ativação do arquétipo do herói, este também um legítimo *daimon*, nas diversas vivências transicionais (Winnicott).

Na dinâmica arquetípica da individuação, Eros e herói, ambos representam, como *concriadores em metaxis*, a libido que flui no eixo ego-si-mesmo, estruturando a consciência. Platão lembra também pela boca de Sócrates, que "todo herói é nascido do amor de um deus por uma mortal ou de um mortal por uma deusa [...] à luz da antiga língua ática esse nome (*Herói*) é derivado de amor (*Eros*), aos quais os heróis deveram seu nascimento" (apud PEÇANHA, 1987: 86).

Após o discurso de Sócrates-Diotima, uma violenta *enantiodromia* toma conta do simpósio. Após a subida em direção ao reino sublime do mundo das ideias, pela submissão dos impulsos de Eros a Apolo, através dos discursos e da dialética, a irrupção de Alcebíades no recinto traz a paixão desmesurada dionisíaca. Ele chega de forma teatral, considerado que era o mais belo grego de seu tempo.

Alcebíades, sem se conter, nada esconde, e relata suas inúteis tentativas para seduzir Sócrates, que a ele sempre escapa, evasivo. Alcebíades, em realidade, representa o Eros em sua imediatez, submetido à urgência do aqui e agora. Não consegue perceber o sentido do adiamento e da ascese, não pode ver no amor uma aprendizagem, e na conversão socrático-platônica do erotismo em Philia, e esta culminando em filosofia.

O amar e o conhecer estão aqui bastante entrelaçados, um *Complexio oppositorum*, um terno abraço entre Dioniso e Apolo.

Neste final surpreendente do simpósio está a essência do fenômeno que foi modernamente chamado de *transferência*, em análise.

Sócrates, filósofo que conhece-se a si mesmo, em sua profunda humildade, é o modelo para o analista do inconsciente contemporâneo que deveria se tornar no *setting* terapêutico a encarnação do próprio Eros transferencial. Esse último pode ser percebido simbolicamente, interpretado, mas nunca concretizado. Alcebíades projeta o que tem em si próprio, ama de forma desmesurada uma imagem do seu próprio arquétipo do si-mesmo, que ainda não aprendeu a reconhecer.

Sócrates, como mencionou Platão, *o mais feio dos homens*, é paradoxalmente a personificação do *Belo-em-si*, pois através da transferência amorosa de seus discípulos o arquétipo do si-mesmo pode ser vislumbrado.

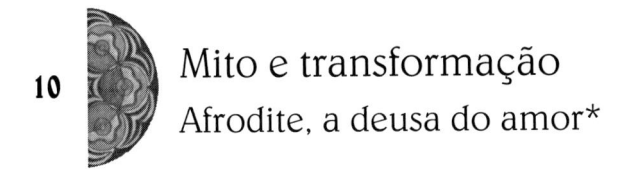

10 Mito e transformação
Afrodite, a deusa do amor*

Hesíodo relata em sua *Teogonia* o misterioso nascimento de Afrodite, a chamada *Anadiômene, aquela que surge* (das ondas do mar). Após a castração de Úrano por seu filho Crono, os genitais do deus-céu caem no mar, e das ondas e esperma se forma uma espuma – em grego, *afros* – da qual nasce a deusa do amor.

Afrodite tem, portanto, um nascimento arcaico, em um tempo mítico anterior ao nascimento do próprio Zeus e os demais deuses olímpicos, ainda no ciclo dos titãs, sob o domínio de Crono. Psicologicamente falando, todo mito de nascimento fala da origem da consciência; se o mito é atemporal, no sentido cronológico, ele possui um tempo simbólico; a antiguidade de Afrodite diz respeito à sua importância na origem da consciência e seu enraizamento nas emoções mais profundas e irracionais do ser.

O seu estado nascente, surgindo das espumas do mar, inspirou Apeles, grande pintor grego do séc. IV a.C. e muito mais tarde Botticelli, em seu famoso quadro *O nascimento de Vênus*. A beleza incomparável de Afrodite neste estado de *suspensão* fala do amor que assoma à consciência e de suas possibilidades transformadoras, tão bem elaboradas por Platão em seu *O banquete*.

---

* Publicado anteriormente em *Mitos e arquétipos do homem contemporâneo*. O presente texto tem pequenas modificações.

Entretanto, neste estado, podemos perceber Afrodite perigosamente próxima do oceano, símbolo do inconsciente coletivo descrito por Jung, o meio aquoso sem fronteiras delimitadas, sede de paixões de todo o tipo, que podem, em certas circunstâncias, assomar à consciência de forma destrutiva.

Afrodite Anadiômene está, portanto, entre o oceano e o céu. Em seu nascimento traz a ideia dos pares amorosos, o casamento do céu e da terra, dos deuses primordiais Gaia e Úrano.

No domínio da biologia celular, a reprodução não se dá por pares, mas por divisão celular, é uma esfera fora do domínio da deusa do amor. Mas Afrodite é a deusa da atração entre os polos opostos, o céu e a terra, o corpo e o espírito, a civilização e a natureza, o homem e a mulher. Não é por acaso que os momentos preferidos da deusa são o do nascer e o do pôr do sol, momentos do encontro amoroso do céu e da terra.

Afrodite revitaliza os opostos, favorece a atração do homem e da mulher e a união deles, sexual e espiritual, favorece a união dos opostos psicológicos, consciência e inconsciente numa síntese amorosa que Jung chamou *o processo de individuação*.

O nascimento de Afrodite a partir da castração de Úrano, o pai-céu, e da espuma do mar revela sua conexão com o oceano do corpo, a sexualidade com seus ritmos e marés, o orvalho que umedece as uniões amorosas, e ao mesmo tempo sua ligação com o espírito celestial.

Na verdade, a Afrodite *pandêmia* e a Afrodite *urânia* debatidas em *O banquete* de Platão formam um todo indivisível. Afrodite tem o poder de transmutar o prazer sexual em êxtase espiritual. O dom da beleza de Afrodite ultrapassa o encanto pelas formas do parceiro amoroso, é a beleza transcendental do *Kallon kai Agathon* (o Belo e o Bem) da elaboração filosófica de Platão.

Afrodite representa, na verdade, o poder civilizatório pelo Belo, tão cultivado pelos gregos. É difícil para uma mentalidade judaico-cristã entender esta conceituação, pois nossa tradição reza que a gratificação sexual é uma necessidade instintiva, da contraparte animal do ser humano, e após dois mil anos de cristianismo é a tendência natural do homem da modernidade a busca da verdade a todo custo, porém dissociada da beleza.

Considero o simbolismo do cultivo dos jardins uma das imagens mais convincentes da expressão mágica de Afrodite como imagem arquetípica do poder organizador do Belo, tanto na consciência individual quanto coletiva.

As flores estão presentes, no Mito de Afrodite, com muita frequência. A deusa aparece em algumas representações coroada com flores por Tália; entre as três graças, a responsável pela floração. Pétalas de rosa são também jogadas por Tália sob seus pés.

É importante ressaltar que Afrodite é, além da deusa do amor, a deusa das flores. A flor sintetiza de forma admirável o mistério de Afrodite; as flores são o mais belo órgão sexual do universo. São muitas as imagens floridas representativas da beleza sexual feminina, entre elas a rosa vermelha, colorida e perfumada, mas com espinhos que podem machucar como fazem sofrer as paixões do amor.

Estar preocupado com flores e organizar jardins é uma forma de cultuar Afrodite. Os europeus, prezando muito os poucos espaços de natureza em seus espaços densamente construídos, elaboram carinhosamente seus jardins, interseção entre natureza e civilização, respiradouro natural do belo em suas cidades. Afrodite reina neste espaço sagrado de conjunção entre civilização e natureza.

Entre nós vive um dos maiores gênios mundiais do paisagismo, Roberto Burle Marx – o maior, segundo a crítica europeia. Por todo mundo seus jardins cumprem a função arquetípica de mediar o encontro da cidade e da natureza. Lélia Coelho Frota descreve a magnífica criatividade de um dos maiores artistas brasileiros, em pleno processo criativo aos 83 anos em seu ensaio *Roberto Burle Marx, parceiro da natureza*, o qual apresentou em exposição em Minas Gerais e no Rio de Janeiro.

Percorrendo as páginas de Lélia, percebemos a grandeza de Burle Marx, o último remanescente da geração dos grandes artistas do movimento modernista, Tarsila, Di Cavalcanti, Villa-Lobos. Os italianos souberam valorizar bem seus jardins: publicam agora um espesso livro sobre Burle Marx, *O jardim do século XX*. Isto é, consideram-no o mais importante em nosso século.

O casamento de Afrodite e Hefesto traz em si um paradoxo e um mistério. Como pode a mais bela das deusas unir-se com o deus coxo? Uma interpretação literal psicológica mostra um modelo de casamento tão comum, a relação complementar, tão estagnante quanto insatisfatória do ponto de vista do desenvolvimento de cada um.

Por outro lado, a compensação é necessária porque encerra em si o constante desafio da beleza interior, o *Belo-em-si*, que Hefesto manifesta em seu trabalho de divino artesão, o senhor da mais bela ourivesaria. A dourada Afrodite tinha que se cercar, naturalmente, do senhor do ouro e das joias, símbolos da perfeita beleza. O casamento é, assim, um antídoto contra a identificação do belo aparente, tão comum em nossa cultura atual. Quanto mais caímos nesta identificação, mais perdemos contato com a deusa.

Historicamente, a mulher grega foi reprimida dentro de uma estrutura de sociedade do patrismo. Além da esposa oficial, o cidadão ateniense poderia possuir a escrava do gineceu, a *Palaké*, ter contatos com amantes de cunho inferior, a prostituta paga, a *Pórne*, e ter ainda uma amante de padrão mais elevado, do ponto de vista social ou cultural, a *Hetera* (BRANDÃO, 1989). Algumas *he-*

teras se tornaram famosas, poderosas e ricas, devido a sua inteligência e beleza. Assim foi Aspásia, confidente do próprio Péricles, que tinha por ela especial afeição e carinho, demonstrando isto publicamente em diversas ocasiões.

Frine, hetera amante do artista *Praxiteles*, tornou-se famosa pela sua impressionante beleza, tendo posado nua para que Praxiteles moldasse a famosa estátua de *Afrodite nua* do templo de *Cnido*. *Apeles*, famoso pintor, fez dela retrato equivalente a nossa Mona Lisa. Frine tornou-se tão poderosa que foi ela quem financiou a reconstrução das muralhas de Tebas, depois de destruídas por Alexandre. Nestas muralhas foi inscrito: *destruído por Alexandre, reconstruído por Frine, hetera*[89].

Estas heteras são demonstração do poder de Afrodite, em seu aspecto concreto. Mas quando Frine posou para Praxiteles nua, a deusa foi retratada pela primeira vez desnuda e isto gerou uma controvérsia no mundo grego: *deveria Afrodite ser desnudada?* (PARIS, 1988: 56).

Afrodite sempre foi representada com tecidos quase transparentes, através dos quais se podia adivinhar suas belas formas. Seu corpo e sexualidade, representando a natureza, suas roupas e joias, a cultura. Mais uma vez, um equilíbrio entre os pares de opostos.

Entre sua indumentária, os mitos falam de *uma faixa de tecido ou de um cinto* do qual emana todo seu poder de amor e sedução. Uma história diz de um pedido de Hera para que Afrodite lhe cedesse seu cinto, pelo qual encantava poderosamente deuses e homens. Este mito retrata a necessidade de integração de Hera, senhora do casamento sagrado e do Olimpo, do poder sexual de

---

89. O episódio da hetera Frine e Praxiteles está narrado em Páris, 1988, p. 56-57.

Afrodite para a perpetuação de seu *hieros gamos*, seu casamento sagrado com Zeus. Percebemos também que a sedução pode advir do *vestir-se*, mais do que *desnudar-se*, pois Hera busca meios seguros de seduzir Zeus.

Como toda imagem arquetípica, Afrodite é paradoxal em suas manifestações na consciência. As duas versões de seu nascimento podemos interpretar psicologicamente dentro deste paradoxo.

Sendo filha de Úrano e nascendo da espuma do mar, simboliza o poder súbito das paixões destrutivas que assomam à consciência, levando de roldão qualquer discriminação. A possessão apaixonada por Afrodite ocorre em pessoas com certa dissociação afetiva, que se tornam presa fácil de suas paixões reprimidas no inconsciente.

O filme *Perdas e danos*, de Louis Malle[90], revela esta emergência destrutiva de Afrodite. Um político inglês extremamente bem-sucedido, com uma *persona* irrepreensível, apaixona-se pela noiva de seu próprio filho. Esta paixão, levada adiante, tem um desenlace fatal.

A moça sedutora é uma *mulher-Afrodite* que não consegue integrar os aspectos criativos deste arquétipo e em vez disto os atua de forma irrefreável. O político é um homem frio, dissociado de seu lado emocional. O terrível triângulo amoroso leva o filho à morte.

Percebemos no contexto deste drama a relação de Afrodite com a sexualidade e vida, e também com a morte. O Mito de Adônis é um paralelo perfeito para o filme. Afrodite amou profundamente o mortal Adônis; tornaram-se amantes. Saindo à caça, Adônis foi morto por um javali (um símbolo do aspecto sombrio da própria Afrodite). Esta chorou a perda do amante, que desceu ao reino inferior, ficando parte do ano com Perséfone, parte com

---

90. O filme citado é *Perdas e danos* (*Damned*). Direção de Louis Malle.

Afrodite. O jovem Adônis ficou perpetuado sob a forma de flores, as anêmonas. É curioso que Afrodite tem como um de seus símbolos a romã, a mesma fruta característica da deusa dos mortos, demonstrando-se assim uma secreta identidade entre a vida, a sexualidade e a morte; oculto no aparente dualismo das pulsões de vida e de morte, um secreto monismo.

Afrodite é, pois, portadora das grandes transformações da personalidade, uma deusa *alquímica*, como a chamou J.S. Bolen (1991). O processo de individuação proposto por Jung é vivido como um constante lidar com estes opostos antagônicos. Heráclito, o mais enigmático dos pensadores originários, já percebera o aspecto paradoxal deste processo, formulando a ideia de que *Dioniso e Hades são um só*.

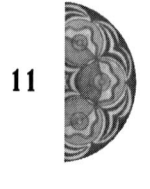

11 A crise do homem moderno e a onipotência Prometeu*

Em trabalho de 1945, *Anotações sobre eventos contemporâneos*, C.G. Jung comenta sobre o estado original do mundo quando a natureza começou a ser perturbada pela ciência e saiu de seu estado virginal, obscuro, inicial. Faço minhas algumas das poéticas palavras de Jung para descrever este movimento da consciência discriminativa a partir da natureza indiferenciada:

> Até alguns séculos atrás aquelas regiões do mundo, as quais desde então têm sido iluminadas pela ciência, estavam mergulhadas na mais profunda escuridão. A natureza estava então em seu estado original, como esteve desde tempos imemoriais. Apesar de há muito ser o *habitat* de deuses, ela não fora, de nenhuma maneira, *despsiquificada*. Espíritos ainda assombravam as terras e as águas e se ocultavam no ar e no fogo; a feitiçaria e profecias lançavam suas sombras sobre as relações

---

* Palestra de abertura do XI Congresso Internacional da Associação Junguiana do Brasil, Mangaratiba, 2003. Publicado anteriormente com o título *Civilization in Transition*. In: *Psychotherapy and Politics International*, vol. 3, n. 2. Londres: Whurr, 2005.

> humanas e os mistérios da fé exerciam profunda influência no mundo natural. Em certas flores podiam-se encontrar imagens dos instrumentos de tortura dos mártires e do sangue de Cristo; a espiral da esquerda para a direita na concha do caramujo era uma prova da existência de Deus.
>
> Hoje não podemos imaginar esse estado mental de forma alguma, não podemos sequer supor o que seja viver em um mundo que fosse preenchido com os mistérios das maravilhas de Deus, desde o mais religioso e sublime até ao mais cotidiano da forja do ferreiro, e fosse corrompido a partir de baixo pelo engano demoníaco, marcado pelo pecado original e secretamente animado por um demônio autóctone ou por uma *anima mundi* – ou por essas "centelhas da Alma do Mundo" as quais brotaram como as sementes da vida quando o *Ruah Elohim* pairou sobre a face das águas (JUNG, 1945).

É difícil imaginar as grandes mudanças psíquicas na vida mental da humanidade quando o mundo natural gradualmente *foi desencantado* ou foi *despsiquificado*. Uma questão pouco perguntada é a seguinte: O que aconteceu com as fadas, ninfas, deuses e mensageiros celestiais quando abandonamos o estado de encantamento? Lembramos Jung, que diz que a crítica ao mito não abole o fator mitologizador na *psiqué*. Mesmo quando pensamos que as sereias são impossíveis, nós precisamos delas; mesmo quando pensamos que o dragão-baleia que engoliu Jonas seria incapaz de cuspi-lo vivo depois, esse renascimento a partir do inconsciente é uma necessidade psicológica e mesmo racionalizado pelo iluminismo irá tomar outras formas depois.

O homem apenas aparentemente triunfou sobre o demonismo da natureza; *na verdade, ele engoliu os demônios em si próprio* e tornou-se uma *marionete* dos deuses. Isso aconteceu porque ele acreditou que teria abolido os demônios apenas por declarar ser eles uma mera superstição. Depois que se tornou impossível para os espíritos da natureza habitar as rochas, os rios, os bosques e montanhas, eles usaram os seres humanos como locais de habitação muito mais perigosos. Os objetos naturais eram muito menos perigosos: só ocasionalmente uma rocha caía sobre uma habitação ou um rio invadia uma casa. Mas um homem não percebe quando é governado por um demônio; ele coloca toda sua habilidade e intelecto a serviço do seu senhor inconsciente, desta forma elevando em mil vezes o seu poder. Esses são os perigos em se viver em um mundo *desencantado*.

Jung sugere que, quando a humanidade passou da natureza animada para a natureza inanimada – o chamado *desencantamento da natureza* –, essa passagem se deu de forma rígida, sem rito de passagem: o animismo foi visto como superstição. O cristianismo substituiu os deuses antigos pelo Deus único. A própria ciência, quando *desencantou* a natureza, apenas a subordinou à razão científica e não proveu a natureza de outra alma. Se a ciência considerasse a *anima mundi* digna de uma maior atenção, teria sido mais cuidadosa nessa transição de desencantamento do mundo, processando a passagem para a era científica através de um ritual de passagem, sem perder contato com os deuses naturais (JUNG, 1945).

O mundo dissociado tecnológico é o mundo das guerras destrutivas que tomaram uma dimensão nunca vista no século passado, acompanhado de grandes crises sociais. Estamos em um momento de grandes mudanças permeadas de grandes crises. Na verdade, estamos vivendo uma grande crise paradigmática. A perda das certezas metafísicas, nas palavras de Jung, mergulhou a humanidade em grande crise de identidade, de desencontro consigo própria.

A palavra paradigma, inaugurada por Thomas Khun, que vem se tornando uma espécie de lugar-comum no pensamento contemporâneo, talvez precise ser bem compreendida. Vem do grego *para* = além de, *deigma* = direção. Esta tradução da palavra paradigma nos parece bem mais acurada que as traduções normalmente dadas de modelo ou protótipo, no sentido platônico, pois, visto assim, o paradigma é algo estático, preso ao passado, enquanto que, como manifestação de um valor novo, aponta dinamicamente para o futuro, e é neste sentido que os paradigmas funcionam como orientadores do corpo do pensar científico.

A mudança de paradigma é mais evidente em épocas de crise. Entretanto, no mundo contemporâneo, não são claras as direções para onde essas mudanças apontam, pois há dificuldades em atrelar uma mudança paradigmática a um estatuto específico do *Zeitgeist* contemporâneo, a conceber um *paradigma pós-moderno* com características claras e definidas que se seguiria ao paradigma da modernidade. Se é sabido que a idade moderna teve início com a tomada de Constantinopla pelos turcos no século XIV, não devemos esquecer que esse início não ocorreu nessa data precisa, mas lentamente, através de graduais câmbios históricos.

Da mesma forma, discute-se também se a Idade Moderna terá realmente terminado. É fato que vivemos uma grave crise dos ideais da Modernidade. Em lugar dos valores da Revolução Francesa de *liberdade, igualdade e fraternidade,* temos um século de duas grandes guerras, com milhões de mortos, em número muito superior ao da peste negra na Europa Medieval. A *globalização*, em vez de promover a fantasia arquetípica da *inclusão*, tem promovido, ao contrário, o benefício de uma escassa minoria e a exclusão de grandes massas. A atual guerra do Iraque só reafirma o direito dos mais fortes sobre os mais fracos, e a *antiga máxima do tribunal do vencedor*: "só há um verdadeiro crime de guerra: não vencer o inimigo". Toda esta falência evidente dos ideais da Modernidade não evidencia de forma clara uma Pós-modernidade com seus contornos nítidos. O que temos, sem dúvida, são evidentes mudanças globais em nível sociológico, antropológico e psicológico, mudanças paradigmáticas.

Fantasias milenaristas são paradigma no imaginário ocidental há muitos séculos. Tornaram-se um padrão arquetípico das mudanças transicionais civilizatórias. Contando-se o tempo a partir do início do cristianismo no primeiro milênio, a virada deste foi marcada por figuras messiânicas de grande influência social, como Joaquim de Fiore, abade italiano que nos inícios do século XII profetizou um novo *éon* do Espírito Santo, que teria início com S. Benedito e a ordem monástica dos beneditinos. Para Joaquim, o milênio antes de Cristo seria o do Pai; o primeiro milênio da era cristã, o do Filho; o segundo milênio, que então começava, o do Espírito Santo. Os seguidores de Joaquim de Fiore declararam seu movimento pentecostal um substituto do Evangelho de Cristo. Joaquim de Fiore estaria possuído pelo arquétipo do espírito, no sentido de que a experiência religiosa deveria ser alcançada *muito mais pela meditação* (o encontro com o espírito santo subjetivo) do que pela revelação exterior. Estes movimentos são mais introvertidos, mais uma inflação religiosa subjetiva do que as atitudes psicopáticas coletivas extrovertidas que dominam os movimentos políticos e sociais de hoje.

O milenarismo foi terreno fértil para a mitologização a partir de projeções do inconsciente coletivo europeu. Na metade do segundo milênio, as grandes navegações puderam ocorrer em parte devido a grandes expectativas mitológicas de que o paraíso terrestre fosse descoberto pelos navegadores. Fala-se de maneira extremamente etnocêntrica na forma como os índios receberam os navegadores (Cortez, Pizarro e Cabral) como deuses, não se enfatizando a mitologização intensa do novo mundo a partir das projeções do inconsciente coletivo europeu. As Américas sempre foram arquetipicamente vistas como o paraíso terrenal. As lendas do Eldorado, das Amazonas, entre outras, são todos mitos arquetípicos milenaristas, pois a descoberta do novo mundo é a realização da profecia das descobertas do paraíso ao fim dos 500 anos do segundo milênio.

As crises globais são antevistas desde a aproximação do final do segundo milênio, em fins do século passado. Fantasias milenaristas se intensificaram por aquela ocasião, a mais *techno* delas sendo a chamada *o bug do milênio*. Insistentemente se repetia que as máquinas baseadas em sistema digital falhariam, devido a repetição das datas 00 nos sistemas digitais a partir do ano 2000. Não podemos deixar de sorrir com estas perspectivas à época tidas como extremamente sombrias, considerando tudo o que vem acontecendo a partir dos últimos anos. Frente a tudo com que nos deparamos nos primeiros anos do novo milênio *o bug do milênio* parece uma grande bobagem, uma brincadeira de mau gosto, um passatempo de criança.

Em vez do *bug do milênio*, tivemos, entre outras coisas: guerras fratricidas no Leste Europeu que dizimaram etnias. Com a queda do Muro de Berlim e a falência da União Soviética, a África Subsaariana deixou de apresentar interesse estratégico para as chamadas grandes potências. As epidemias de Aids e revoluções internas tornaram essa região, a não ser a África do Sul, economicamente inviável, segundo a Unesco; isto é, se nada for feito nos próximos anos, populações de vários países poderão desaparecer. Na América Latina a pobreza e o analfabetismo aumentaram bastante e a tecnologia e a informática dos últimos cinquenta anos ainda não apresentaram os resultados esperados na melhora de qualidade de vida da população em geral. *O Brasil é um dos países com maior concentração de riquezas do mundo.* A Iugoslávia foi fragmentada em diversas nações. Lutas étnicas propiciaram a intervenção americana no Kosovo. A Tchetchênia continua com sua situação não resolvida, como enclave dependente na Rússia. Toda a instabilidade de guerras étnicas na Europa e na Ásia se somaram ao grave problema do terrorismo *versus* o colonialismo americano e o enfrentamento de doutrinas religiosas que culminaram com o atentado de 11 de setembro.

As respostas militares ao atentado produziram, como se sabe, uma invasão do Afeganistão em busca de culpados e culminaram com a guerra do Iraque. Os desdobramentos políticos e psicológicos do atentado continuam até os dias de hoje e nos parece difícil antever suas consequências nos anos vindouros. Sabemos com certeza que produziram profunda e indelével cicatriz nesta civilização em transição. Percebemos que é tarefa de cada um de nós procurar respostas dentro do microcosmo do processo de individuação de cada um, para produzir transformações no macrocosmo da convivência das famílias, das sociedades, das cidades, das culturas, e mesmo da espécie humana. Pois, com Jung, acreditamos que só a experiência pessoal do indivíduo pode trazer a verdadeira transformação coletiva.

O terceiro milênio foi inaugurado com o atentado de 11 de setembro que marca uma nova era da civilização em transição. O ano de 2002 foi um ano do *deus Janus*, deus dos portais da antiga Roma, ano capicua, 2002, simétrico e especular, no qual as extremidades opostas se contemplam e confrontam. Foi o ano do confronto radical da civilização do novo, descartável e da informática que se renova a cada mês com o tradicional, medieval, permanente, imutável. Haverá uma síntese possível deste choque de opostos?

Luigi Zoja refletiu sobre o *mito da arrogância* (2002) que permeia a cultura ocidental desde seus inícios em mares helênicos. O mito do herói é, por sua natureza e essência, arrogante, e o problema da arrogância civilizatória chega agora em nível planetário a um grau máximo de destrutividade. O herói chega com sua *hýbris* ao máximo de destrutividade e pode destruir não só a si próprio, mas a todo o planeta; há uma hipertrofia da arrogância civilizatória em nível planetário. O herói que destrói Troia é capaz de destruir o mundo, as espécies, a ecologia, os rios e florestas. A grande torre multilinguística de Babel ameaça ruir, e o evento de 11 de setembro é a expressão arquetípica do excesso. O herói ocidental não se contenta mais com a totalidade do dez, o número dez, expressão mandálica da totalidade, mas excede o dez e chega ao arrogante onze, o número da *hýbris* arrogante, excessiva, o um a mais, o um criativo que recomeça, o um que recomeça quando não deveria recomeçar, além do dez.

Zoja em *História da arrogância* lembra o Mito de Prometeu, aquele que pensa por antecipação, *pro-manthéin*. Uma forma de *hýbris* particular é a de Prometeu, aquele que como portador do fogo, antecipa, olha para o oriente pendendo da penedia, o Cáucaso, último reduto do ocidente, contemplando o oriente. O horizonte ao qual Prometeu contempla é o oriente, a perspectiva que falta é a perspectiva oriental. Prometeu, com sua ênfase espiritual, ígnea, é punido com doença hepática, psicossomática. A doença corporal é a compensação à *hýbris* espiritual, a uma espiritualidade igualada ao desenvolvimento intelectual. A espiritualidade corporal indiana e chinesa, e mesmo árabe, talvez compense os caminhos excessivamente cerebrais da Grécia. Mas o mito grego não é só cerebral, é imaginativo, e o imaginativo é também visceral, é corporal, envolve o corpo todo. As imagens do mito grego falam, poderíamos dizer, através de uma associação livre do inconsciente coletivo em imagens mitológicas. Essas imagens falam que Prometeu está acorrentado, sem saída, com sua doença hipocondríaca, enquanto quiser confrontar o mundo espiritual de Zeus que, como castigo, enviou a águia para devorar suas entranhas. Mas as imagens míticas falam de uma solução. Héracles mata a águia e liberta o titã.

Zeus jurara pelas águas do Rio Estige jamais libertar o primo traidor. Para não se tornar um perjurador, confecciona uma argola feita com grilhões de aço que prenderam Prometeu, presa a fragmento da coluna à qual estivera preso. O titã a deveria carregar junto de si para sempre como símbolo de sua prisão (BRANDÃO: idem, ibidem).

Após sua libertação, Prometeu desempenha um papel decisivo no destino de outro grande ferido mitológico, o centauro Quíron, o grande curador-ferido. Ele fora ferido acidentalmente com uma das setas de Héracles. Sua ferida sangrava para sempre. Atormentado, incapaz mesmo de morrer, o patrono de Asclépio é ajudado por Prometeu. Há uma solução por uma troca de lugares, o centauro ocupa o lugar de Prometeu, tornando-se um ser mortal. Pode morrer então, libertar-se de seus padecimentos e transformar-se na *constelação de Sagitário*. O titã torna-se imortal, tornando-se figura de culto para as criaturas humanas (BRANDÃO: idem, ibidem).

O movimento da energia curadora do deus médico curador ferido, o que olha para seu corpo, é o que nos retira no impasse prometéico. O caminho para a solução do enigma de Prometeu é o encontro com o limite e a *dialética da ferida*. *Prometeu e Quíron têm ambos o segredo da ferida, o aprendizado pela ferida*, e a ferida traz a noção do limite que talvez seja a saída para a desmedida da onipotência.

Não podemos prever o que o futuro nos traz. Arquetipicamente só podemos refletir que as grandes crises são possibilidades de crescimento e transformação. O Oriente se oferece ao Ocidente como possibilidade de renovação e toda renovação se dá através de sofrimento. Percebe-se que o padrão heroico ocidental está desgastado e que a conquista com destruição não é mais um programa válido de ação, pois leva à destruição planetária ecológica da espécie e do próprio planeta. As relações entre as culturas e as pessoas devem ser feitas não mais pela destruição e anulação do outro, mas pela interação e aprendizado, pela dialética construtiva, por uma relação de complexidade interativa.

12 As escatologias gregas antigas e a psicoterapia moderna*

> Para Junito Brandão (*in memoriam*); mais que mestre, foi um grande e inspirador amigo.

O inconsciente tem sua estrutura que foge às regras do espaço e do tempo. A reaparição no homem contemporâneo de ideias, configurações psíquicas e imagens sempre presentes em outros povos e outras épocas pode ser melhor entendida como a reatualização de estruturas arquetípicas do inconsciente coletivo assim como definiu C.G. Jung.

O arquétipo é uma predisposição a produzir as mesmas representações dentro das mesmas situações existenciais a que todos os homens estão expostos. As escatologias falam do destino final de todos, nos tempos finais. As imagens que aparecem aos *iniciados* dentro das religiões de mistério procuram dar conta do destino e dar sentido à sua existência dentro deste mundo e na passagem para o outro. Em processo de análise do inconsciente, ele-

---

* Adaptação de palestra proferida na mesa-redonda "Cosmogonias e escatologias" do III Congresso de Letras Clássicas e Orientais da Universidade de Letras da Uerj, sob o título: "Elementos das escatologias homérica e órfico-pitagórica e sua reemergência na psicoterapia contemporânea".

mentos fundamentais da existência do indivíduo vêm à tona e são confrontados. Esta confrontação existencial, soteriológica e de busca de sentido, obedece aos mesmos padrões fundamentais das religiões de mistério antigas e mesmo da religião grega oficial, em seus aspectos escatológicos.

Abordando a questão da escatologia em teologia e nas religiões comparadas, cumpre distinguir a escatologia como destino cósmico universal da escatologia como destino final dos indivíduos. Em nosso trabalho comparativo nos deteremos em elementos da escatologia de Homero e na escatologia órfico-pitagórica que falam do destino individual no além-túmulo.

Nas concepções mais arcaicas da escatologia de Homero (séc. VII) se faz central a concepção da alma como um *Êidolon*, um duplo abúlico do homem que leva existência no Hades, um local dos mortos, mas sem a conotação de punição ou recompensa dado por outras culturas, inclusive a cristã. Nas narrativas homéricas, na *Ilíada* e na *Odisseia*, a psique do herói situa-se em sua *Kephalé*, em sua cabeça, lá permanecendo inerme durante toda sua vida. Somente quando o herói morre, a psique, dotada da qualidade de voo, penetra a crosta terrestre e sofre sua *catábase*[91] para o Hades, onde permanecerá como um Êidolon. Mais raramente a *psiqué* é tocada por Hermes, o deus psicopompo, que, com seu bastão, a guiará para as profundas regiões do Hades.

São ainda definidas algumas regiões de geografia mitológica, intercomunicantes entre o mundo de cá, dos vivos, e o mundo dos mortos. (Podemos também dizer, entre o consciente e o inconsciente, sem corrermos o risco de psicologizar a tradição mitológica em excesso.) Essas regiões são, entre outras, o Lago Averno, no

---

91. *Catábase*: descida ritual para o mundo dos mortos.

sul da Itália, grutas e cavernas misteriosas que só os iniciados e certos heróis poderiam conhecer[92].

Podemos considerar, seguindo Jung (cf. HILLMAN, 1972), o mundo do deus Hades como o inconsciente. É o mundo onde estão Hades, Perséfone e os Éidola. Um estudo pormenorizado do reino de Hades seria por demais extenso, mas devemos lembrar que aquele chamado *o Senhor de muitos, o Senhor das sementes, o recebedor de muitos – Polidectes –* é na verdade Hades, e as sementes somos nós, que fazemos nossa catábase para o mundo de baixo e renascemos quando a semente está pronta. Os senhores Hades e Perséfone regem o processo[93].

A noção antiga de uma *descida*, de que a *psiqué* precisa ter uma *catábase* para chegar ao mundo dos mortos, é um ponto de importância[94]. A noção do *abaixo* foi enfatizada por Jung e seguidores como sendo o domínio da esfera do menos diferenciado (do ponto de vista da consciência) ou o inconsciente. Tem-se sempre a noção de que o inconsciente está abaixo[95].

---

92. Enéas, o herói fundador de Roma, após abandonar Troia destruída, chega até o Monte de Cumas. Enéas quer entrar no mundo inferior para falar com o pai morto. Implora então à Cibila de Cumas: "Não te peço senão uma coisa: visto que é aqui, diz-se, a porta do rei dos infernos e o tenebroso pântano para onde reflui o Aqueronte, que me seja lícito ir ver meu pai querido e com ele praticar; ensina-me o caminho e abra-me as portas sagradas" (Virgílio, *Eneida*, canto VI).

93. O mitólogo húngaro Caroly Kerényi interpreta o nome *Polidectes* como um epíteto de Hades (KERÉNYI, 1978: 48).

94. Os gregos não tinham originalmente nenhum sentido de punição ou culpa com essa descida. O Hades é um local dos *Éidola*, dos mortos, *tout court*. *Ínferos*, lat.: *o que está abaixo*, origina *inferno*, como local de sofrimento. Mas esta é uma derivação posterior.

95. Pierre Janet cunhou a expressão *abaissement de niveau mental*, (abaixamento de nível mental) para a manifestação de processos normalmente no inconsciente, abaixo da esfera da consciência. É como se o inconsciente estivesse *abaixo*.

Na narrativa mítica do herói é dado a ele descer ao Hades em condições especiais, e lá ter um aprendizado, uma iniciação. Isso faz da escatologia não apenas uma expressão de mitos das coisas que irão acontecer no final dos tempos, mas dá a ela uma importância grande nas religiões de iniciação, pois qualquer iniciado deverá sofrer uma *catábase*, passar por uma transformação (mudança de nome, morte simbólica) e só depois de transformado chegar a uma *anábase*[96]. Os mitos escatológicos são centrais nas grandes religiões antigas de mistério, o orfismo e os mistérios de Elêusis.

Quero enfatizar que a *morte simbólica* é a essência de qualquer processo terapêutico. É essencial que todo cliente em análise passe pela *morte simbólica* para que uma nova personalidade possa nascer. De uma forma ampla podemos considerar o processo terapêutico, quando conduzido com atenção aos símbolos que emergem do inconsciente coletivo, semelhante a uma catábase. O analisando, um iniciado, o analista, o *mystagogós*, um condutor dos iniciados, tudo isso tomado simbolicamente, naturalmente.

Em duas narrativas clássicas o contato de heróis com o reino de Hades se faz bastante significativo: Ulisses evocando o Êidolon de Tirésias no retorno a Ítaca e Enéas que dialoga com a sombra[97] de seu próprio pai Anquises no grandioso encontro relatado na *Eneida* de Virgílio.

No caso de Enéas, o herói procura o mundo de baixo para entrar em contato com seu pai. Enéas encontra a sombra de seu pai Anquises, nos Campos Elíseos, após passar pela região inferior do Tártaro. O espírito paterno transmite ao herói ensinamentos trans-

---

96. Anábase: movimento contrário e complementar à catábase, subida ao mundo dos vivos.

97. *Sombra* de Anquises: significa aqui o *duplo* de Anquises, seu *éidolon* ou *imagem* no mundo dos mortos.

cendentes sobre o destino final dos seres, o modo pelo qual algumas almas procuram o rio do esquecimento Lethe e a reencarnação. Mostra ainda a Enéas uma visão gloriosa: a nobre raça dos romanos, e o glorioso império que seria criado nos próximos séculos por seus descendentes.

O contato de Ulisses com o reino de Hades se dá logo após sua saída da Ilha de Circe, quando, após navegar com ventos favoráveis, chega ao país dos Cimérios. Ulisses evoca o Êidolon de Tirésias junto à entrada do Hades, após libações e sacrifícios rituais. Tirésias faz previsões e avisos para Ulisses, tal como fazia em vida: Posídon tudo fará para que ele não leve a termo a salvo sua volta à sua terra natal, Ítaca. Ulisses não deverá molestar os bois de Hélio, quando os encontrar. Se o fizer, grande mal advirá ao herói. Tirésias também profetisa que, quando Ulisses chegar a Ítaca, encontrará pretendentes que ambicionam seus bens e sua esposa, mas o herói eliminará os pretendentes. Tirésias profetisa ainda que o herói terminará seus dias em velhice opulenta.

Em ambos os casos temos situações de contato do herói com figuras ímpares, o pai de Enéas, Anquises, e o vidente sábio Tirésias. Em ambos os diálogos temos conselhos e avisos de fatos que realmente se constelam no futuro. Nos encontros no mundo de baixo, as leis do espaço e tempo deixam de existir, *há apenas um contínuo eterno-agora*. Ulisses e Enéas, tendo a experiência com os mortos, regressam ao mundo dos vivos com novo conhecimento e certeza das coisas que ainda acontecerão.

Jung denominou *sincronicidade* as experiências acausais de coincidências significativas. A sincronicidade ocorre pela constelação de um arquétipo inconsciente no mundo material. Há coincidências entre o mundo psíquico *de dentro* e o mundo material *de fora*. As experiências mitológicas de Enéas e Odisseu revestem-se de um caráter sincronístico pela identidade dos eventos psíquicos (fatos imaginados no mundo de Hades – ou mundo do inconsciente) e os fatos reais que acontecem no mundo material (ou mundo da consciência).

O reino de Hades é o reino das *Éidola*, de duplos abúlicos do homem. A viagem do *Éidolon* rumo ao Hades após o abandono do corpo físico na morte, segundo a escatologia homérica, nos é psicologicamente interessante. A psique habita inerme a *khephalé* (cabeça) durante toda a vida. Na morte do herói, a *psiqué* é tocada pelo bastão de Hermes, deixa o corpo do morto e adquire a forma de *Éidolon*, uma cópia do corpo falecido. Guiado por Hermes, vai até o reino dos mortos. Entretanto, perde grande parte de sua vitalidade ao deixar o corpo, já que a psique está associada a partes deste, o *thymós* (espírito) e *phrénes* (inteligência)[98]. Desce ao Hades a *psiqué* em forma de Éidolon já bastante combalida.

Consideramos a percepção grega antiga de alma psicossomática bastante interessante. Junito Brandão considerou que os gregos tiveram grandes dificuldades em separar a alma do corpo, e no período homérico mantiveram a visão de uma alma estritamente vinculada ao corpo. O corpo tem sido objetivo de pesquisas de várias correntes da psicologia profunda e a fronteira mente-corpo tem sido bastante explorada nos últimos anos. Há uma percepção geral que a fronteira psique-corpo é muito mais tênue do que se pensava e que o corpo tem múltiplos interesses para o terapeuta da psique. Parece que a rígida separação corpo-mente do paradigma cartesiano vem sendo relativizada pela influência de um terceiro fator da visão dual: o símbolo unificador. Manifestações corpo-

---

98. O *thymós* é o espírito do homem. Reside no diafragma e o impele à ação. O *phrénes* é a inteligência, habilidade de pensar e sentir. Reside no osso esterno. Cf. Onians, 1973, p. 13.

rais são tomadas cada vez mais como símbolos em terapia, o corpo adquire um significado simbólico[99].

Na escatologia oficial apolínea o *Éidolon* é transportado por Caronte em seu barco nos rios subterrâneos. Em muitas representações aparece também o cão Cérbero, o terrível cão guardião do umbral, que impede a entrada e saída do mundo de baixo. Para Caronte é dada uma moeda, para Cérbero um pão que sirva de alimento a ele[100]. Em ambos os casos, ritos propiciatórios para a entrada no mundo de baixo. Nos achados arqueológicos de túmulos encontraram-se óbolos como moedas propiciatórias na boca de cadáveres. Sabe-se que eram ali colocados antes da cremação. O óbolo facilitaria a entrada do morto no reino de Hades. Como objeto de facilitação de entrada no mundo de baixo (do inconsciente), podemos comparar o óbolo a um *símbolo psicológico*[101].

É importante ressaltar a importância do símbolo nas relações entre o mundo da consciência e o inconsciente. C.G. Jung lembra que a palavra símbolo vem do grego *symballein*, lançar junto. Na psicologia analítica de Jung aplica-se a categoria de símbolo a qualquer objeto que tenha a função de um atrator e transformador de energia psíquica. O símbolo é sempre *polissêmico*, isto é, não é unívoco em seu significado, pois neste caso corre o risco de se ver reduzido à categoria de um *sinal semiótico*. A cruz, por exemplo, aparecendo em sonhos ou fantasias, pode representar o encontro de dois movimentos, a verticalidade do espírito que en-

---

99. E, poderíamos dizer, também a alma adquire um caráter *somático* ou *material*.

100. Vide, para comentários sobre os rituais de descida, a catábase de Psiqué no cap. 7: "Amor e individuação – *Eros e psique*".

101. Junito Brandão compara o óbulo a um símbolo psicológico (1991: 373, sob o verbete: "escatologia").

contra a horizontalidade da matéria, um acréscimo de algo, por ser o sinal matemático de um mais, o aviso de hospital e a necessidade de silêncio, o símbolo cristão, dor, penitência, e ainda uma infinidade de outras coisas que dependerão das associações pessoais do sonhador com o símbolo universal arquetípico. Ele terá sempre um lado conhecido, outro desconhecido, que aponta para o mistério, ou para o inconsciente. Já C.G. Jung considera os sinais semióticos bem diferentes dos símbolos por terem um sentido único, *unívoco*. Os sinais de trânsito, por exemplo, não são símbolos, pois sua função é especificada e determinada, e assim deve ser para que eles evitem acidentes.

Por isso comparamos os *óbolos* aos símbolos, por eles estarem ocorrendo na passagem entre o mundo de cima e o de baixo, entre o consciente e o inconsciente, e serem considerados fundamentais para que a passagem se dê. Sem os símbolos nenhum processo analítico é possível, pois o cliente acaba caindo em literalismos, fica só no mundo concreto, é incapaz de perceber as coisas simbolicamente. Isto é, é incapaz de descer ao mundo de Hades.

Uma questão que consideramos fundamental na escatologia grega antiga é o papel desempenhado pela *memória*. A memória era tão fundamental na tradição que foi elevada à condição de deusa, a deusa *Mnemósina*, filha de Úrano e Gaia, e com Zeus, geradora das nove musas, estando associada, portanto, a toda criatividade.

Nas exéquias era essencial o correto uso das *estelas funerárias*, onde se gravava cuidadosamente o nome do morto. Tudo isso muito necessário, a fim de que ele próprio e seus parentes não perdessem *a memória do nome*. Assim não perderiam a própria *memória do morto* (BRANDÃO, 1991: 362, verbete: *escatologia*).

Nas escatologias das religiões de mistério – em particular no orfismo, que abordaremos – a memória adquire um papel central e soteriológico. Na verdade, este papel de salvação, atributo da memória, aparece em diversas religiões nas mais variadas culturas, como demonstrou Mircea Eliade (1961: 52ss.).

O orfismo, como autêntico movimento mítico-religioso do séc. VI a.C., teve significativa importância histórica ao introduzir na Grécia Antiga a questão da culpa individual e a responsabilidade pelo próprio destino. Durante o período homérico predominou a *lei do Génos*, a culpa familiar, se sobrepondo à culpa individual. A questão da culpa familiar, do pagamento coletivo das faltas cometidas, ainda permanece em famílias pobres do interior do Brasil, onde o pagamento das faltas é feito de forma coletiva, como relatado nos estórias de Guimarães Rosa[102]. De forma simbólica, o chamado *bode expiratório* da família, o *elo mais fraco* (como o chamou Ronald Laing), carrega em seu inconsciente as culpas coletivas do grupo e julga seu dever expiá-las.

A escatologia órfica iniciática, com influências orientais, vem introduzir na Hélade a questão da *metempsicose*[103], uma nova geografia do tártaro e a possibilidade da expiação das culpas individuais através de inumeráveis reencarnações por prescrições éticas refinadas e pela catarse apolínea. O órfico seguia diversas prescrições de pureza, como não comer carne ou ovos (a origem da vida). Toda a metapsicologia órfica baseia-se numa antropogonia original, no mito do deus Dioniso-Zagreu, que é atraído por titãs enviados por uma deusa Hera ciumenta, fascinado por espelhos e brinquedos, feito em pedaços e devorado. Zeus, irado, fulminou os titãs. De suas cinzas nasceram os homens. Nós, homens, temos uma natureza ti-

---

102. Vide, para a emergência do *Génos* arcaico grego no sertão de Minas Gerais, Rosa, 1976. Para mais detalhes sobre a lei do *Génos* no romance de Guimarães Rosa, cf. o cap. 6, "Édipo, o de duas faces", na nota 50, p. 99.

103. Cumpre distinguir aqui *metempsicose* – reencarnação em plantas, animais e seres humanos – e a *ensomatose* – o processo reencarnatório essencialmente em corpos humanos.

tânica, primitiva, instintiva e uma divina, dionisíaca. Toda a escatologia órfica de iniciação visa liberar o aspecto dionisíaco que está no homem. Da antropogonia órfica original deriva toda uma importante teoria do *soma-sema*, isto é, *o corpo como túmulo da alma*, herdada por Pitágoras e Platão, e mais tarde pelo cristianismo.

Quanto à geografia do mundo de Hades, ele era concebido como dividido em três partes: o *Tártaro*, o *Érebo* e os *Campos Elíseos*, e as almas as ocupavam conforme o nível de sua evolução espiritual. Os castigos do Tártaro são mais penosos e terríveis que no Érebo. Têm acesso aos Campos Elíseos apenas as almas mais evoluídas. Ainda assim, é importante assinalar, todas as camadas do Hades pressupõem retorno à vida na terra. Só os iniciados perfeitos poderão alcançar o local sem retorno, a Ilha dos Bem-Aventurados, localizado nas estrelas.

Um significativo achado arqueológico, as *lamelas*[104] em túmulos órficos, revelaram verdadeiros roteiros *post-mortem* para o iniciado órfico. As lamelas são finas placas de ouro com instruções sobre procedimentos no *post-mortem*, roteiros a seguir, palavras rituais a dizer, etc. Brandão comenta que as lamelas se tornaram importantes fontes de informação sobre a escatologia órfica (BRANDÃO, 1987, 1991). Por algumas lamelas fica-se sabendo entre outras coisas que o órfico é instruído a evitar o Rio Lete (água do esquecimento) e beber da fonte de Mnemósina (memória) ao entrar no Hades. O processo consiste em não esquecer-se das experiências terrestres e assim livrar-se do processo das transmigrações. Enquanto a escatologia oficial reza que os mortos são aqueles que perderam a memória, para os órficos a perda da memória

---

104. Veja as referências detalhadas às lamelas em Brandão, 1987a. Veja também Brandão, 1991, verbete: *escatologia*.

implica a entrada no ciclo reencarnatório e o esquecimento das experiências transcendentes. "Bebendo da fonte da memória, a alma órfica desejava apenas lembrar-se da bem-aventurança" (BRANDÃO, 1991: 377).

No orfismo, portanto, encontramos uma teoria da memória como libertadora e uma teoria das origens segundo a qual o homem deve recordar-se de um estado inicial de beatitude que perdeu neste mundo. Eliade aborda a questão do mito das origens e do papel soteriológico da memória (ELIADE, 1961: 53ss.). Segundo esse autor, as sociedades tradicionais têm em geral mitos de origem nos quais a salvação é encontrada no *illud tempus*, em tempo original ideal, onde figuras heroicas executam ações exemplares que servem de modelo aos homens no presente. Rituais evocam as figuras ideais do *illud tempus*. A salvação está na memória nos tempos ideais de origem.

Na psicoterapia contemporânea a memória atua como fator soteriológico, como um resgate de núcleos perdidos. O paciente deverá lembrar-se de fatos perdidos no passado e integrá-los em nova consciência. Entretanto, tem-se a fantasia de que o passado trabalhado em terapia é fixo, isto é, as coisas passadas não podem ser mudadas, enquanto que somente o futuro é plástico, pronto para ser construído. Esquecemos que o passado é extremamente plástico, mutável, ele muda à medida que nossa personalidade muda. É importante assinalar também que nos lembramos de fatos sempre dentro de determinada perspectiva, e essa perspectiva pode se alterar de acordo com o estado de consciência. A personalidade muda à medida que as lembranças mudam e que a consciência se altera com uma perspectiva do passado inteiramente renovada. O passado é uma questão de perspectiva, isto é, há diversas formas de lembrar-se dele.

Hillman (1975) lembra que a memória em análise não é apenas um retorno aos fatos localizados na infância, como a princípio pensamos, mas um verdadeiro *retorno às origens*, uma *epistrophé*, como a que Ulisses faz em seu retorno a Ítaca. O autor lembra que toda a *Odisseia* é uma grande memória, uma lembrança de Ulisses a partir da ilha da ninfa *Calypso*, quando começa a recuperar sua memória. Ocorre uma grande *epistrophé*, um grande retorno às origens, o qual é arquetípico, mitológico e simbólico. Essa *epistrophé* é a que buscamos na verdadeira análise do inconsciente.

13 A mitopoese na era tecnológica
Mitos e arquétipos da ficção científica*

Definições

A literatura de ficção científica emprega os referenciais da ciência e da imaginação e incorpora os mitos de todas as épocas. É muito difícil definir o que seja ficção científica. Os próprios autores do gênero tentaram algumas definições:

Robert Heinlein: "Ficção científica é uma especulação realística sobre eventos futuros possíveis, solidamente baseada em conhecimento adequado do mundo real passado e presente e numa compreensão completa da natureza e do método científico".

Theodore Sturgeon: "Uma boa estória de ficção científica é uma estória sobre seres humanos, com um problema humano e uma solução humana, que não teria acontecido de modo algum sem um conteúdo científico".

Em seu livro de ensaios *Strong opinions*, Vladimir Nabokov argumenta que, se formos nos manter rigorosos em nossas defini-

---

* Palestra proferida no XV Congresso da Associação Junguiana do Brasil, em Águas de S. Pedro, Campinas, em outubro de 2006. Editada na revista eletrônica do Grupo Sizígia: www.sizigia.com.br

ções, a peça de Shakespeare, *A tempestade*, deveria ser considerada ficção científica...[105]

Ficção científica situada entre outros gêneros

Na verdade, o gênero ficção científica penetra outros gêneros de literatura, sendo difícil separar, por exemplo, a literatura de ficção científica da de fantasia ou do conto fantástico. O limite entre ficção científica e fantasia não é claro. Nas livrarias muitas vezes os gêneros estão misturados nas prateleiras. É comum autores de ficção científica também escreverem obras do conto fantástico, como Ray Bradbury, que escreveu *Farenheit 451* e também *O homem ilustrado* e, mais tarde, *O país de outubro*, entre muitos outros. Os dois primeiros livros são claramente do gênero ficção científica, enquanto que o último já ocupa a categoria de conto fantástico, sendo constituído de belíssimos contos curtos, onde o imaginário e o mitológico arquetípico têm lugar na fantasia do cotidiano.

Poderia mesmo ser dito que a ficção científica é uma forma moderna do conto fantástico, ou do gênero fantasia, pois o gênero possui características como mágica, mudança de forma, adivinhação, leitura da mente, animais encantados, e muitos outros. Esses elementos comuns à literatura da fantasia têm sua origem e atuação explicados por intervenção de tecnologia avançada e atuação de seres extraterrenos. Como exemplo pode-se citar a Força, no conflito do Sith com o Jedi, em *Guerra nas estrelas*[106].

---

105. Heilein Sturgeon e Vladimir Nabokov mencionados no site: www.wikipedia.org The Free Encyclopedia.
106. Lembrando, como é sabido, que toda a estória de *Guerra nas estrelas* foi supervisionada e orientada por Joseph Campbell (vide bibliografia) com forte influência junguiana. A estória do herói Luck Skywalker ("o andarilho celeste", literalmente) é um mito de herói com diversas configurações arquetípicas.

Precursores da ficção científica

A origem da literatura de ficção científica no tempo histórico é determinada pela maioria dos autores na novela gótica de Mary Shelley, *Frankenstein, ou o Prometeu moderno* (1818). Nesta estória, pela primeira vez, meios científicos são usados para criar vida a partir da matéria inanimada. Também o trabalho de Robert Louis Stevenson, *O estranho caso de Dr. Jekyll e de Mr. Hyde* (1886), pode ser considerado uma ficção científica *stricto sensu*. No entanto, é necessário diferenciar a literatura fantástica da literatura de ficção científica. O *Drácula*, de Bram Stocker (1897), já é considerado pela crítica especializada como pertencente ao gênero de literatura fantástica.

Algumas estórias fantásticas de origem antiga têm elementos da ficção científica sem que possamos considerá-las propriamente do gênero. Por exemplo, no ano 160 da era cristã um certo Luciano escreveu *Vera Historia*, um relato de como um veleiro é transportado para além dos Pilares de Hércules para a lua por um redemoinho. Lá os viajantes encontram o rei da lua em guerra com o imperador do sol, disputando os direitos de colonizar Vênus. Há grande batalha, da qual participam pulgas, que se tornam tão grandes como elefantes. A batalha é decidida quando o imperador solar recebe reforços do planeta Sirius. O imperador cerca então a lua com um nevoeiro, deixando-a sem energia solar. Os habitantes da lua são forçados a se render e esforços são feitos para colonizar Vênus com um esforço conjunto. Essa não pode ser considerada uma estória de ficção científica, embora contenha elementos dela, como o transporte espacial e voo a outros planetas. Entretanto, o elemento científico nela presente é insuficiente[107]. Já as es-

---

107. O conto *Vera Historia* de Luciano, mencionado no site: www.wikipedia.org The Free Encyclopedia.

tórias de Julio Verne, como sabemos, são belíssimas estórias de ficção científica com um tremendo conteúdo antecipatório.

A ficção científica: uma forma contemporânea de mitologizar?

Conforme já referimos, Jung chamou a atenção para a importância central do *mitologizar* (*mythologein*) em psicologia (JUNG, 1978: 260). O mitologizar é uma forma de fugir às expressões estéreis das teorias psicológicas, dando vida animada e personificada às experiências dos arquétipos. Mas é necessário enfatizar que a imagem arquetípica, além de seu aspecto universalizante, componente que é do inconsciente coletivo, tem também um aspecto *histórico*, temporal. A ficção científica, oriunda que é da era tecnológica, é extremamente contemporânea, constituindo temas mitológicos contemporâneos. Nisso é extremamente valiosa *no atualizar mitos dentro da civilização da era tecnológica*. Entre os diversos mitos que povoam a literatura da ficção científica estão: a imagem da fuga planetária, o contato com seres extraterrestres, a superação da condição humana atual com desenvolvimento de poderes como telepatia e a superação da barreira máquina-homem e homem- máquina. Este último mito deverá ser abordado de forma particular em nosso estudo, já que é impossível nos determos de forma detalhada nos diversos mitologemas da literatura de ficção científica.

É necessário enfatizar que, devido ao enorme progresso tecnológico da civilização humana, diversos motivos da ficção científica deixam rapidamente de ser ficção e tomam forma concreta. Afinal, estamos na era de intensíssimas transformações na área da ciência e tecnologia, como a decodificação do genoma, que transforma toda a medicina e a torna cada vez mais preditiva em vez de curativa. Os primeiros embriões artificiais estão sendo produzidos com sucesso bem como as pesquisas com células-tronco avançam de forma acelerada. Isso sem contar o enorme avanço na T.I., *tecnologia da informação*, com os computadores pessoais e a internet. Portanto, o gênero literário da ficção científica expressa ideias e situações que estão presentes na sociedade atual sob diversas formas. Entretanto, a beleza ficcional e imaginativa da literatura de ficção científica permanece, e seus conteúdos são receptáculos de projeções de imagens arquetípicas do inconsciente coletivo.

A obra de Jung *Um mito moderno – Sobre coisas vistas no céu*, de 1958, analisando sob o ponto de vista simbólico a aparição dos ovnis, contempla algumas questões da ficção científica. Nela Jung trata do fenômeno do ovni como boato, em sonhos, na literatura e na pintura, além de tecer considerações sob o aspecto histórico dos ovnis. Nesta obra, o ponto de vista de Jung, como se sabe, é simbólico, analisando os ovnis como mandalas, símbolos de totalidade que compensam a tensão existente na psique coletiva.

Também em sua autobiografia Jung menciona os ovnis ao sonhar com um deles. Sobre o sonho, reflete:

> Sempre acreditamos que os U.F.O. fossem projeções nossas; ora, ao que parece, nós é que somos projeções deles. A lanterna mágica me projeta como C.G. Jung, mas quem manipula o aparelho? (JUNG, 1978: 280).

Não é nosso objetivo aprofundarmos essas reflexões de Jung. Apenas achamos que elas brotam em um contexto moderno, como ele mencionou no título de seu livro. De qualquer forma, pensamos que mais uma vez Jung abre novos caminhos para a reflexão com sua obra *Um mito moderno*, embora nela Jung tenha se debruçado apenas sobre uma pequena parte da questão da ficção científica, isto é, o contato com inteligências extraterrestres.

A literatura de ficção científica e o mito do Androide

Uma das questões mais caras à literatura de ficção científica é a do limite do homem-máquina e da máquina-homem e a ultrapassagem desses limites. No centro dessas questões estão a proposta da inteligência artificial, as questões da robótica e o mito do androide, problemáticas estas prefiguradas desde a Antiguidade pelo mito do autômato.

A figura do autômato aparece em mito desde Homero, quando Hefesto aparece na *Ilíada* sendo ajudado por duas donzelas de ouro que podiam pensar, falar e agir. Também está no Mito de Pigmaleão e Galateia, no amor do artista pela sua obra e na compaixão de Afrodite, que transforma a obra de arte em mulher. No hermetismo, perpetua-se a tradição da doação de vida a estátuas na lenda dos Golens. A mais conhecida relata como o Rabino Yehuda Lowe moldou um boneco de barro e lhe injetou vida em 1580, para livrar os judeus de perseguidores[108].

No período romântico as figuras dos autômatos, figuras mecânicas que mimetizam seres humanos, geralmente são vistas como maldição para seus criadores. E.T.A. Hoffman escreveu em *O homem de areia* (1816) sobre uma boneca de madeira chamada Olímpia, que é animada por segredos alquímicos. Seu criador, o Prof. Spalanzani, é condenado judicialmente por tê-la apresentado como sua filha legítima e tê-la inserido no convívio social.

Oliveira (2002) lembra que o romance de Mary Shelley *Frankenstein ou o moderno Prometeu* (1817) é considerado a primeira obra de ficção científica, pois nela meios científicos são usados para animar a matéria inerte, ao invés da magia ou alquimia. Oliveira ressalta que:

---

[108]. Os exemplos históricos de autômatos, robôs e androides estão em Oliveira (2002), Calife (2002) e Tuckerman (1999).

[...] na experiência do trágico Dr. Frankenstein há quatro das principais questões entre homens e autômatos: a promessa da obtenção da força prometeica, o medo de que o conhecimento sobre a criação da vida seja proibido e leve o homem à ruína, o receio de que a criatura se volte contra seu criador e o temor de que a criatura se reproduza por conta própria. A obra de Mary Shelley é também um marco por apresentar claramente as questões de sua época: a substituição da magia pela ciência (OLIVEIRA, 2002: 3).

Com o alto desenvolvimento da tecnologia na Modernidade, o motivo antigo do autômato se apresenta sobre o aspecto da complexidade da robótica. O nome *robô* vem do tcheco *robota*, significando trabalho forçado, ou escravo. *Robotnik*, também do tcheco, é a palavra para *servo* ou *escravo*. Esse sentido da palavra robô foi introduzido em todas as línguas pelo theco Karel Kapec, com sua peça teatral de 1920, *R.U.R.* (*Rossum Universal Robots*), encenada pela primeira vez em Praga em 1921 (OLIVEIRA, 2002: 3).

A peça de Kapec marca a virada no século XX dos autômatos do passado para os robôs, computadores gigantes e androides que povoarão a literatura de ficção científica. Agora a ciência toma o lugar da magia e os limites do homem e da máquina se tornam tênues e vulneráveis. Entre os muitos autores que tomam a questão da robótica e dos androides tomaremos como exemplo Isaac Asimov, Philiph K. Dick, Ray Bradbury e Arthur Clarke.

Isaac Asimov, nascido na Rússia, migrou posteriormente para os Estados Unidos. De formação científica sólida, como cientista químico interessou-se profundamente pela questão dos robôs e procurou divulgar em suas obras uma perspectiva positiva da robótica, o robô como ajudante e companheiro do homem e não como um assassino deste, seu destruidor e inimigo potencial, constituindo aquilo que Asimov denominou de o complexo de Frankenstein. Percebe-se no complexo de Frankenstein, segundo Asimov, o temor secreto aos conhecimentos da ciência e aos segredos da vida.

O robô-androide em Asimov

Em seu livro mais famoso, *Eu, robô* (ASIMOV, 2004), coleção de estórias curtas, muitas delas escritas na década de 1940, Asimov procurou descrever o robô como um ser ajudante e próximo ao homem, companheiro de todas as horas e executor das funções mais simples do cotidiano.

Em um desses contos mais famosos, criado em 1940 quando Asimov tinha ainda 19 anos, é descrita a estória de Robbie, robô programado para cumprir as funções de babá. Ao ficar junto com a menina Glória, a menina desenvolve por ele afeto profundo. Robbie dedica a Glória atenção afetuosa que nenhuma babá seria capaz, sendo hábil inclusive em contar estórias de fadas e outros contos com detalhes no momento apropriado. Realiza assim todos os desejos de Glória e suas carências a tal ponto de preocupar muito seus pais, principalmente sua mãe. Quando esta pensa em devolver o robô por achar o relacionamento de Glória excessivo, a menina entra em depressão e não pode suportar a ausência de Robbie. Os pais tentam substituí-lo por um cão *collie*, sem sucesso. Em uma última tentativa, os pais a levam a uma fábrica de robôs, onde Robbie fora fabricado, para que veja como fora feito e que não passava de uma máquina. Dentro da fábrica, vendo uma série de robôs trabalhando, Glória reconhece Robbie, que fora devolvido para aquela fábrica. Glória não percebe uma esteira da linha de produção que carrega outras máquinas em sua direção e que irá produzir um acidente terrível com ela, talvez matá-la. Os pais de Glória gritam desesperados. Com agilidade mecânica dos seres artificiais programados para salvar crianças, Robbie se adianta velozmente e salva Glória, olhando-a carinhosamente. O conto termina com os pais de Glória admitindo novamente a ligação profundamente afetiva de Robbie com Glória.

Esse conto exemplifica a percepção de Asimov dos robôs. Fica claro aqui a diluição do limite homem-máquina, no qual Robbie executa tarefas de babá com perfeição, a tal ponto de exprimir mesmo certo grau de emoção diferenciada por sua protegida. Asimov crê ser possível a robótica evoluir para uma participação no cotidiano do homem e situou em seus livros escritos – os primeiros nos anos 1940 e 1950 – essa participação ativa dos robôs como nos anos 1990 e ano 2000. É curioso notar que as máquinas nos anos 1990 realmente entram no cotidiano de todos nós, mas sob forma de PCs, impressoras e do espaço virtual da internet. A influência consciente e inconsciente de todas essas mudanças é enorme. Toda a sociedade está sendo profundamente influenciada pela chamada TI, tecnologia da informação[109]. Fica evidente a clara intuição de Asimov tornando-se realidade, com robôs domésticos cumprindo múltiplas funções.

Por outro lado, na sociedade contemporânea ocorre uma surpreendente diluição dos limites homem-máquina, isto é, o código de vida humano é aumentado de forma surpreendente por constantes progressos na biomedicina, a biologia molecular, a de-

---

109. "Em no máximo cinco anos, robôs estarão presentes nos lares brasileiros". Com estas palavras, inicia-se notícia de site sobre eletrônica na internet em notícia. 9/10/2006. Reportagem de Larissa Januário, intitulada: "Robôs, você ainda vai ter um em casa".

codificação do genoma humano[110], as técnicas de transplante e a descoberta e o aperfeiçoamento de novas medicações. Com isso o homem supera a barreira homem/máquina cada vez mais e se aproxima do androide[111].

Segundo Clute e Nicholls, a palavra androide apareceu na língua inglesa em 1727 para referir-se às supostas tentativas do alquimista Albertus Magnus (1200-1280) de criar o homem artificial[112] (apud OLIVEIRA, 2002: 9). O androide da ficção científica parece imiscuir-se aqui com o homúnculo alquímico. Se o homúnculo é um produto do *opus*, produzido na retorta como símbolo antropomórfico do *Self* dentro de uma perspectiva psicológica, o androide, produto do gênio criador tecnológico humano, da *techné* da ciência-ficção elevada ao seu máximo, representa a transcendência das limitações humanas, tais como as conhecemos em um ser, misto de humano e artificial. Esse ser parece-se no conto moderno com uma criação do Dr. Frankenstein, só que muito mais aperfeiçoada.

Essa a questão que ameaça a ciência atual, que é cercada de tabus: o desenvolvimento da vida artificial e eventualmente de um androide implica quase na criação de uma nova consciência, o homem estará assumindo uma posição que nunca teve na história: criar uma nova consciência, com todas as consequências que esse ato possa gerar. Esse medo, esse pavor irracional de se tornar cria-

---

110. A genética médica, com sua polêmica proposta de um clone humano, é um passo definitivo em direção ao androide.
111. Veja referências à quebra dos limites homem-máquina em meu artigo: "Utopias e distopias e o processo de individuação em filosofia e literatura". *Revista Junguiana*, 2005.
112. De Albertus Magnus era dito que tinha trato com o próprio diabo, pois tinha confeccionado uma cabeça de cobre que era capaz de falar e responder a estímulos. Seus inimigos o acusavam também de ter fabricado um autômato capaz de falar.

dor de consciências, já está embutido no subtítulo do livro de Mary Shelley: *Fransksenstein, ou o Prometeu moderno.* Pode arvorar-se o homem de ser literalmente um novo Prometeu, trazendo consciência à matéria inanimada? É o mesmo tabu que cerca a polêmica das experiências atuais com a produção de um clone humano[113].

O mito do androide em Ray Bradbury

Ray Bradbury, um dos mais importantes autores do gênero fantástico, não se limitou à ficção científica, produzindo belíssimos contos do gênero fantástico, muitos deles também já traduzidos para o português. *O homem ilustrado, Os frutos dourados do sol, As crônicas marcianas, F de foguete,* são livros de ficção científica entre nós. Entre os contos fantásticos mais conhecidos estão *O país de outubro* e *O vinho da alegria.* Seu estilo de escrever é o de estórias curtas. Muitas chegaram até ao teatro, cinema e televisão, além de serem traduzidas em inúmeros idiomas.

A figura do androide aparece em Bradbury no conto denominado "Marionettes, inc."[114], levado para a televisão em uma série de curtas dirigida por Alfred Hitchcock. Na estória, androides podem ser contratados para substituir um cônjuge quando uma relação de casamento está desgastada. A substituição resultante é por tempo limitado e não é naturalmente de conhecimento do ou-

---

[113]. É bom lembrar que esse tabu não é apenas religioso, das igrejas, mas trata-se de uma questão psicológica, o medo de criar uma consciência nova. Essa *hybris* parece ser intolerável e sujeita a punição. O que Asimov chamava de síndrome de Frankenstein (a criatura rebelada voltar-se contra o criador) situa-se dentro dessa onipotência arquetípica.

[114]. O conto está inserido no livro *The illustrated man* (o homem ilustrado). Curioso ver aqui o charmoso senso de humor de Bradbury para o duplo sentido da palavra *ilustrado*: culto, contador de estórias e, ao mesmo tempo, com a pele cheia de ilustrações (BRADBURY, 1990).

tro parceiro. Problemas éticos daí resultam, como, por exemplo, quando um androide se apaixona por seu par e decide eliminar o marido verdadeiro, ocupando seu lugar em definitivo[115].

O androide em Philip K. Dick

Nenhum dos autores contemporâneos de ficção científica expressou de forma tão fascinante o tema do androide quanto Philip K. Dick. A criação da consciência artificial foi uma verdadeira obsessão para esse autor em diversas obras, várias delas levadas ao cinema. Em *Blade Runner, o caçador de androides*, a temática do limite homem-máquina ocupa lugar central.

Talvez seja importante falar rapidamente sobre a personalidade de Philip K. Dick antes de abordar o tema do androide em sua obra. O autor era uma personalidade bastante particular. Tinha um enorme acesso ao inconsciente, inclusive, claro, a camadas do inconsciente criativo. Mas pagou por isso um preço bastante alto, chegando a desenvolver um delírio de cunho paranoide bem sistematizado, em torno dos anos 1950. Passou a julgar que vários amigos seus, também autores de ficção científica, eram agentes da KGB russa e estavam tentando induzir, em seus livros, vários temas comunistas para influenciar o inconsciente cultural americano, a fim de que o comunismo tomasse conta do país. Em uma série de cartas passou a denunciá-los ao governo. Esta atitude custou-lhe muitas amizades, alguns se afastaram dele magoados, outros perdoaram-lhe, reconhecendo ali uma loucura. Era a época do McCartismo, e provavelmente a sombra coletiva estava conta-

---

115. Em Bradbury, também está presente o aviso de que a criatura pode se rebelar contra o criador. A questão da consciência e da ética é um limite intransponível mesmo dentro da ficção científica. Em Philip K. Dick reaparece o androide perigoso. Isto está bem evidente na estória *The Terminator* (*O exterminador do futuro*), na qual máquinas e homens lutam pelo domínio da terra em futuro distante.

minando a percepção de Dick e sua avaliação da realidade. Sua poderosa intuição aflorou como intuição patológica (BASH, 1980)[116] interferindo em sua avaliação da realidade.

O androide não como alteridade, mas como identidade[117]

Até aqui temos visto sempre o androide como um outro, uma criação do homem, um derivado histórico dentro da evolução do padrão da ideia arquetípica do autômato. Ele já aparece na Grécia Clássica em Homero como as auxiliares autômatas de Hefesto, perpassa as imagens medievais do Golem e da Robô Maria de *Metropolis*, de Fritz Laing, chegando até os androides de *Blade Runner*, de Philip Dick. Mas nos diversos filmes sobre androides, alguns de qualidades discutíveis, o 4º filme da série *Alien, o 8º passageiro*[118] traz a questão do *Androide como identidade, não como alteridade*[119]. Ao final do filme, *todos são androides, torna-se indistinto quem é humano, quem é androide* e praticamente não há humanos na estória. Em *Blade Runner* também essa questão é colocada. Na bela e antológica cena final, debaixo de chuva fina, o caçador de andróides está quase sendo morto pelo androide, quando este morre, seu período de vida chega ao fim. Mas é conhecida uma variação deste *cult-movie* (*Director's cut* – variação do diretor), na qual o androide não elimina o *Blade Runner* por *ser ele próprio um androide*, construído e programado para eliminar os

---

116. Como quer Bash, o delírio como uma forma de intuição patológica que contamina todas as outras funções psíquicas de avaliação da realidade, i.e., o pensamento, sentimento, a sensação. Sendo assim, o delírio não seria um pensamento patológico, mas, em essência, uma intuição patológica (BASH, 1965).
117. Agradeço a minha filha, Marina Boechat, que me sugeriu esse tema e esse caminho para minhas reflexões.
118. Apenas o 1º filme com roteiro de Philip Dick.
119. Devo essa expressão a Marina Boechat.

outros androides que estavam ameaçando os homens. E os mandamentos da robótica de Asimov também se aplicam aos androides: um androide não pode fazer mal a um seu semelhante. Também em *Blade Runner* ficam indistintos os limites entre androide e humano quando o *Blade Runner* fica algum tempo apaixonado por uma androide.

Todas estas imagens da literatura e filmes apontam para a perda dos limites do que seja humano e do que seja máquina, ou artificial.

O androide como identidade: a questão da prótese

Os teóricos da comunicação desde algum tempo vêm se preocupando com a questão do limite homem-máquina, a produção de vida artificial e a questão do androide (TUCKERMAN, 1999). Dentro destes trabalhos afloram questões importantes sobre o homem na contemporaneidade e sua inserção num mundo de máquinas e próteses[120]. As próteses são instrumentais da *téchne*[121] humana feitas para aumentar e diferenciar órgãos da percepção facilitando a adaptação do sujeito ao ambiente externo. Ainda voltando a lembrar a sofisticada tecnologia dos transplantes, os órgãos artificiais, os medicamentos que em número cada vez maior circulam no sangue das pessoas, onde está o homem, onde está o androide? Surge aqui o androide como identidade.

De forma radical, o fenômeno humano, quando se instala sobre a terra inaugurando a questão da consciência, inicia também a

---

120. Lembrar a definição de prótese: dispositivo implantado no corpo para suprir a falta de um órgão ausente ou para restaurar uma função comprometida, qualquer aparelho que vise suprir, corrigir ou aumentar uma função natural, como, p. ex., a da audição ou da visão. *Dicionário Houaiss* (edição eletrônica).

121. Lembrando o sentido original de *téchne*, para os gregos: "agir como a natureza age". Veja o cap. 8: "Mito e criatividade – Hefesto: o deus da *téchne*".

dialética homem-natureza, colocando o problema da oposição do natural *versus* o artificial. A consciência instalada na natureza é, de certa forma, desde o início, um fenômeno artificial.

O filme *2001, uma odisseia no espaço*, de Stanley Kubrick, traz questões sérias de robótica e de identidade humana abertas a partir de uma estória de Arthur Clarke. O impressionante monólito que desce dos céus ao som dos famosos acordes do 1º movimento de Zaratustra, de Richard Strauss, segue uma luta de macacos pelo domínio de uma fonte de água. Após se aproximar do monólito, um grupo de macacos passa a ter o domínio de instrumentos, e descobre que pode atacar o outro grupo com armas fabricadas com suas próprias mãos. É como se o monólito ativasse ali um verdadeiro salto quântico evolutivo, a oposição do polegar, particular do ser humano e de alguns poucos antropoides superiores.

Um osso é lançado aos céus, esse osso se transforma em uma nave espacial. Toda tecnologia avançada teve início ali, no ganho de consciência, na posição ereta da coluna, na oposição do polegar. Talvez o monólito represente isso, o elemento artificial perante o natural, a introdução da *téchne* na natureza.

O monólito vai aparecer mais tarde em um planeta próximo à terra. Enviado para descobrir do que se trata, o astronauta encontra o monólito e tem uma experiência além do tempo sobre sua identidade pessoal. O novo salto quântico do "além-do-homem" parece apontar para uma realidade espiritual ou psicológica. A imagem do astronauta muito velho e depois como bebê aponta para o símbolo da consciência final transcendente, a criança divina ou *Self*.

Conclusões: o corpo androide como o corpo contemporâneo

Na verdade, cada vez percebemos mais com maior clareza que o que a literatura de ficção científica descreve são situações contemporâneas que se sucedem a nossa volta com rapidez vertiginosa. Ratos com mutação genética, com orelhas nas costas, computadores campeões de xadrez, ovelhas clonadas e as mais variadas possibilidades genéticas, cirúrgicas e terapêuticas impensáveis alguns anos atrás.

De forma mais particular, com relação ao corpo, o fenômeno virtual constela um acontecimento muito importante e frequente: o corpo virtual, com namoro virtual, sexo virtual, amizade e as mais variadas emoções e trocas virtuais. É a entrada em cena do *cyberespaço*, relativizando o corpo como o conhecemos. Novos mitos estão no imaginário social e nas culturas, a ficção científica tem sido o canal-mor para estes novos mitos (WERTHEIM, 2001).

As fantásticas imagens do *cyborg* (*cyber body*) da literatura e dos filmes de ficção são cada vez mais uma realidade na cultura atual. Tuckerman (1999: 137ss.)[122] faz um fantástico roteiro do fenômeno *freak* na cultura contemporânea. O *freak* é o estranho, a aberração, a identidade que não se adequa à norma e se expressa em corpos com *pierces* e deformações de toda a espécie que a cultura musical jovem contemporânea reverencia. Com a aparição do *cyborg* (*cyber body*), o androide, o corpo cibernético, o *freak* deixa de ser o outro, o estranho, e passa a ser a identidade secreta. O *cyborg* é o *freak* e o símbolo arquetípico do herói das estórias, algo com quem se identificar. Na verdade, o *cyborg*, o arquétipo do herói do filme *O exterminador do futuro,* reflete o arquétipo do herói contemporâneo: quando ele se fere, embaixo de sua pele, encontramos conexões e fios. Lembramo-nos também que devemos estar sempre conectados, num fluxo de informações constantes, revendo nossa caixa postal na internet de nossos computadores pes-

---

122. Ver o capítulo "Do Frankenstein aos novos *freaks*". Tuckerman, 1999.

soais a cada momento, ouvindo nossa música em nosso *ipod*, talvez ingerindo nossas pílulas com substâncias químicas determinadas. Próteses artificiais implantadas em muitos de nós alteram para melhor nossa percepção do ambiente ou o funcionamento interno de nossos órgãos. São novas conjunções do corpo de carbono com corpos de silício alterando a vida do homem contemporâneo, tornando o androide não mais uma alteridade, mas uma identidade secreta que pouco a pouco vamos nos dando conta.

Apêndice
Glossário de termos junguianos

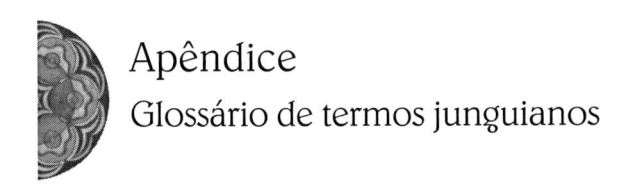

Para os não familiarizados com os termos da psicologia analítica, a escola de pensamento psicológico inaugurada por C.G. Jung, resumimos aqui alguns dos seus termos fundamentais usados neste livro. Os termos são também referidos às suas manifestações *dentro da mitopoese da psique*.

Anima – É o arquétipo do feminino, da alma. A guardiã das imagens no processo de individuação. A *anima* compensa no inconsciente a consciência de tonalidade masculina, por isso aparece como mulher. É também um psicopompo – guia de almas – mediando as relações do ego com o si-mesmo.
Mitopoese da psique: Helena como encarnação terrestre da própria Afrodite foi uma *anima* importante, como causa original da guerra de Troia. O troiano Páris raptou Helena e o grego Menelau, seu esposo, foi ao seu encalço ajudado por frota de navios comandados por Agamêmnon. Beatriz, *anima* de Dante, o conduz ao paraíso na *Divina Comédia*. O cantor Orfeu não consegue resgatar sua *anima* Eurídice do reino dos mortos.

Animus – É a volição, a voz que fala de dentro, a vocação, o *vocatio*, a chamada espiritual. Manifestação do *princípio do logos* dentro do processo de individuação. Quando ouvimos um *animus* diferenciado estamos caminhando no processo de individuação. Mas o *animus* pode ter manifestações pouco diferenciadas, o que exige discriminação da consciência.

Mitopoese da psique: No Mito de Eros e Psiqué, o *animus* aparece sobre diversas manifestações: Pã, que a aconselha sabiamente, o sutil caniço que sugere o caminho criativo, as vozes, que a servem no castelo encantado de Eros. A própria águia de Zeus pode ser lida como um representante do *animus* espiritualizado (alado). Os contos do tipo *A Bela e a Fera* representam, do ponto de vista simbólico, o penoso processo de resgate do *animus* primitivo.

Arquétipos – São os conteúdos do inconsciente coletivo comuns a toda a humanidade. Representam a tendência presente em todos para produzir as mesmas imagens, quando o indivíduo está submetido às experiências semelhantes. São traços filogenéticos, *blue prints*, impressões psíquicas arcaicas que representam os instintos comuns a todos os indivíduos pertencentes à espécie *homo sapiens*. Os arquétipos em si não podem ser percebidos, somente suas representações, as *imagens arquetípicas* (que são as *imagens míticas*). Exemplo: Impulso à ação, à realização: o arquétipo do herói é constelado. Sonhos e fantasias com conteúdos mitológicos de herói podem surgir. A pessoa pode se imaginar realizando tarefas dificílimas, com ajuda de um ser superior. A ação no plano consciente tem melhor condição psicológica para acontecer depois.

Mitopoese da psique: As figuras mitológicas de todos os povos podem ser vistas como imagens arquetípicas, dentro da perspectiva psicológica.

Arquétipo da criança – A criança é o arquétipo da criação e dos recomeços. É uma expressão do arquétipo do si-mesmo denotando criatividade, espontaneidade e vitalidade. Como todo arqué-

tipo é bipolar, isto é, expressa aspectos positivos e negativos, a criança pode representar infantilidade, dependência e regressão, mas muitas vezes não é assim, e a criança está expressando em sonhos, fantasias e obras de arte uma *renovação da consciência individual e coletiva*.
Mitopoese da psique: O mito da criança divina aparece associada ao mitologema do herói-criança. O menino Jesus exposto na manjedoura, frágil e ao mesmo tempo fortíssimo (símbolo do si-mesmo), Perseu criança, Dioniso criança, Atalanta criança, como recomeço e renovação da consciência.

Arquétipo da Grande Mãe – É o arquétipo da geração, da alimentação, da criação, da proteção da horda, da origem e dos sentimentos grupais de pertencer junto. Um dos arquétipos de fundamento, dominante durante a individuação intra uterina e primeira infância, com o aleitamento e primeiras relações de alteridade. Fundamental na organização da personalidade desde seus inícios.
Mitopoese da psique: Desde as culturas do paleolítico, povos caçadores e colhedores, onde o instinto da fome predomina, as grandes mães aparecem intensamente nas pinturas rupestres. Também associada aos rituais da colheita do trigo na Grécia, a Grande Mãe se constela no Mito de Demeter ("terra fértil") e sua filha Core/Perséfone. Com o esgotamento das fontes naturais do planeta, há *a mitopoese planetária*, com a reemergência do Mito de Gaia, que Joseph Campbell considerou o mito coletivo da humanidade atual.

Arquétipo do pai – É o arquétipo do limite, da lei, do *logos*. É o princípio da ética e das normas. Como o arquétipo da Grande Mãe, essencial para o desenvolvimento da consciência. Traz a ideia das separações e limites.

Mitopoese da psique: Zeus é a principal mitologização do arquétipo do pai, tendo sido chamado por Homero *O pai dos deuses e dos homens*. O princípio ordenador do Olimpo, grande árbitro em decisões finais. Seu filho luminoso Apolo é também uma personificação do pai, senhor dos limites, tendo sido chamado por Platão *Pater exegetés* (*o exegeta nacional, o senhor das leis*) (O Apolo tardio, o de Atenas).

Arquétipo do si-mesmo[123] **ou *Self*** – É o núcleo central e ao mesmo tempo a totalidade dos processos psíquicos, conscientes e inconscientes. O si-mesmo pode ser considerado como *o equivalente psicológico da ideia universal na existência de um deus*. Jung observou uma ordem, uma organização e uma teleologia (finalidade) nos processos psicológicos totalmente independentes da vontade consciente do ego. Percebeu esses processos de organização da totalidade observando série de sonhos de muitos pacientes e também na finalidade dos processos psíquicos dos pacientes psicóticos os mais regredidos, quando trabalhou em hospital psiquiátrico. O *diretor de cena* de todos esses processos da totalidade psíquica é o arquétipo do si-mesmo. O si-mesmo se manifesta em sonhos como forma geométrica, o mandala, que traz uma ideia de centralização e equilíbrio, diversos símbolos da natureza, a pedra que dá estabilidade e permanência, a árvore, o rio e a montanha. Também como figuras humanas como o velho sábio, o conselheiro e o tutor, o rei e o xamã.

---

123. Nas obras coligidas de C.G. Jung, com tradução direta do alemão, a Editora Vozes optou por traduzir o termo original de Jung *Selbst* por Si-mesmo. A maioria das obras em português emprega o anglicismo *Self* (ambos com S maiúsculo). Queremos sugerir que se privilegie a intimidade da experiência do *si-mesmo* (esse arquétipo representa a identidade real de cada um, sua expressão mais genuína). Pensamos que qualquer estrangeirismo distancie a experiência arquetípica do "eu-sou" verdadeiro. Por isso estamos sugerindo que se mantenha a forma *si-mesmo*.

Mitopoese da psique para encontros com o si-mesmo: No conto de fadas *O patinho feio*, de Hans Christian Andersen, o patinho se descobre *um belíssimo cisne*, e não o marginalizado patinho pelo seu grupo. Ou o encontro de Psiqué com o deus Eros adormecido, ou quando Zeus se revela para Sêmele, princesa tebana.

Ego – Conceito fundamental em psicologia. Na psicologia analítica significa o centro da consciência, o seu núcleo fundamental. Para Jung, todos os processos psicológicos para serem conscientes devem referir-se, de alguma forma, ao ego.
Mitopoese da psique: O ego aparece nos mitos, de forma idealizada, realizando ações e alcançando objetivos de transformação cultural sob a forma de um *herói* ou *heroína* (vide adiante).

Eixo Ego-*self* ou eixo Ego-si-mesmo – Exprime as relações simbólicas do ego com o si-mesmo durante o processo de individuação. Na infância, o eixo ego-si-mesmo está *encurtado* e a criança é dominada pelo pensamento mitológico, necessita do conto de fadas que organiza sua estrutura mental. Na doença mental grave o eixo não opera bem e o paciente é invadido por ideias mitológicas autônomas (Delírios de fim-de-mundo, identidade com figuras mitológicas messiânicas, símbolos do si-mesmo).
Mitopoese da psique: No xamanismo há a frequente ideia de uma *escada*, que conecta níveis diferentes de experiência. A *escada de Jacó*, descrita no Antigo Testamento, por onde sobem e descem os anjos; o *pé de feijão* do conto de fadas *João e o pé de feijão*; o *freixo cósmico Higgdrazil*, na mitologia nórdica *árvore do eixo do mundo*, onde Wotan ficou em sacrifício dependurado e onde sacrificou um olho para obter a sabedoria da Runas, na fonte de Mi-

mir. *São Cristóvão* (ego) carrega o menino Jesus (o *si-mesmo leve-pesadíssimo*) na travessia do rio (*processo de individuação*).

Herói – O mitologema do herói expressa a energia psíquica que flui no eixo ego-si-mesmo. Por isso o Herói é sempre *filho de um deus* (arquétipo do si-mesmo desprovido dos limites do espaço/tempo) *e um mortal* (o ego dentro dos limites do espaço/tempo da consciência). A cada momento fundamental de transição, o herói atua na vida de cada um promovendo o alargamento da consciência.

Mitopoese da psique: O ciclo do Herói expressa em belas imagens o processo de individuação, pois retrata as interações do ego com o si-mesmo. Héracles, Perseu, Atalanta, Édipo expressam o ciclo heróico, com seu nascimento mágico, exposição, instrução por espírito tutelar, *hýbris* (pecado de orgulho) e *nêmesis* (castigo divino), todas essas fases míticas, fases do processo de individuação. Héracles em seus doze trabalhos míticos lava os estábulos do Rei Augias (confronto com a sombra) e desce ao reino de Ônfale, onde se transveste de roupas femininas, enquanto Ônfale veste a pele do leão de Nemeia (iniciação pela *anima*), entre outras etapas do processo de individuação.

Inconsciente – Camada da psique de onde a vida consciente e o ego derivam. É toda a vida psicológica que escapa à percepção consciente. Jung frequentemente emprega a imagem de um oceano sem limites de onde emerge uma pequena ilha, o ego. O INCONSCIENTE PESSOAL refere-se à camada do inconsciente ligada à vida pessoal de cada um, construído durante a vida de cada um até o momento atual. O INCONSCIENTE COLETIVO é o inconsciente comum a toda a humanidade. É constituído pelos *arquétipos* (vide p. 196).

Mitopoese da psique – O inconsciente tem diversas configurações nos mitos: o oceano sem limites, com suas profundidades, permeado de seres desconhecidos: Proteu, o de múltiplas formas, sereias tentadoras e tritões, ninfas, baleias (inclusive as que abrigaram Jonas e Pinóquio, bem como a grande baleia branca Moby Dick do marinheiro Ismael) e inumeráveis outros seres. O reino de *Posídon* é apresentado também nas origens de tudo, como *O Grande Pai Okeanos*, um rio circular que engloba todo o mundo conhecido e desconhecido. Também as florestas a serem exploradas, com seus animais fantásticos, gnomos e fadas, onde frequentemente os caçadores se perdem, tentando alcançar um cervo fugidio, as cavernas obscuras, criadoras e curativas, frequente abrigo dos heróis, representam no mito o inconsciente. Nas estórias de fada, como nos sonhos, grandes casas, com seus aposentos sempre a descobrir, também representam o inconsciente, que tem ainda inumeráveis outras representações míticas.

Persona – É o arquétipo da adaptação, recorte da psique coletiva, é a máscara que usamos para nos adaptarmos em sociedade. Jung adverte para o perigo de uma *identificação com a persona* e o esquecimento de nossa verdadeira natureza, *o si-mesmo*. *Mitopoese da psique*: O conto de fadas *As roupas novas do imperador* fala da *persona*. Na ficção literária seu aparecimento é frequente: em Machado de Assis, no conto *O espelho* (Alferes identificado com farda) e Ítalo Calvino: *O visconde partido ao meio*. Aqui, o visconde é atingido por uma bala de canhão e vive ridiculamente com a metade do corpo (expressão da identificação com *persona*). No Mito de Héracles o herói veste a *pele do leão de Neméia* e assimila sua força. No Mito de Aquiles, o herói é mergulhado no rio infernal Estige, cujas águas revestem o corpo do herói trazendo invencibilidade. O tema da Égide de Zeus e outras capas protetoras exprimem a ideia do poder social da *persona* para confrontações necessárias (*persona* também necessária).

Processo de individuação – É o eixo teórico do pensamento junguiano. Descreve o processo pelo qual cada indivíduo vem a ser o que realmente é. Ele se torna realmente um *in-dividuum*, uma totalidade indivisível. Por esse processo simbólico as potencialidades individuais são atualizadas ao nível consciente. Isso porque, na perspectiva junguiana, o indivíduo não nasce uma *tabula rasa*, mas tem suas potencialidades individuais já pré-figuradas em seu genoma, cuja representação psicológica foi definida por Jung como *o arquétipo do si-mesmo* (vide p. 198).
Mitopoese da psique: O ciclo do herói expressa belamente o processo de individuação. O difícil caminho de Édipo narrado nas duas tragédias de Sófocles: em *Édipo-Rei* o sofrimento do falso poder do Rei Édipo, mergulhado nas falsas roupagens da *persona* da primeira metade da vida; em *Édipo em Colona*, Édipo cego, já ancião, tem o encontro sábio do conhecimento final nas entranhas da terra, a Grande Mãe (individuação da segunda metade da vida). Também Ulisses, após o cerco de dez anos em Troia e longos anos no mar, volta para Ítaca, onde é reconhecido por Euricleia, sua ama de infância, por uma cicatriz na perna – a cicatriz representando as incorporações das experiências da vida inteira.

Puer – Nome pelo qual os alquimistas medievais denominavam o espírito mercúrio, preso da matéria, que deve ser libertado para o trabalho. Tem os atributos do arquétipo da criança, mas com a característica especial de se colocar no assim chamado *eixo Puer-senex*, liberdade, renovação, criação, necessitando para sobreviver de um continente *senex*: o velho, a tradição, o vaso alquímico que contém o mercúrio para suas transformações. O novo

renova o velho, que por sua vez dá sentido ao novo. Um par muito presente nos processos de *transferência arquetípica* em análise. Não se deve confundir com o *puer aeternus*, o *puer* como problema neurótico devidos a suas fixações na Grande Mãe e dependência.
Mitopoese da psique: *Puer aeternus*: Adônis, amante da Grande Mãe Afrodite sai para caçar um javali e é morto pelo animal. (Segundo algumas interpretações, o javali representa a própria Afrodite, em seu aspecto sombrio). Afrodite chora sobre o corpo do jovem amante, que se transforma em flores, as anêmonas. Por isso as anêmonas têm núcleo vermelho, o sangue de Adônis, e pétalas periféricas brancas, as lágrimas de Afrodite. *Puer*: O espírito mercurial no vaso alquímico, sendo o início e o fim do processo alquímico, ou processo de individuação.

Senex – Assim como *Puer*, tem origem na alquimia e fundamenta o eixo *Puer-senex* dando limites e orientação ao *Puer*. É a manifestação da sabedoria, ordem e do instinto de reflexão no processo de individuação. Desta forma, o *arquétipo do velho sábio* confunde-se aqui com o *senex*. A polarização dos arquétipos aparece de forma clara no *senex*, que pode aparecer como velho sábio ou como grande pai devorador.
Mitopoese da psique: Uma das manifestações mais impressionantes do *senex*-velho sábio é o vidente cego Tirésias, que aparece em diversos mitos aconselhando e fazendo profecias. Com Liríope, mãe de Narciso, adverte sobre a beleza excessiva do filho e sua morte prematura; em *Édipo-Rei* aparece de forma radical, com a frase célebre, que marca a culminância da tragédia (*peripateia*): "tu és o assassino que procuras" (para Laio). O *senex* negativo aparece como o pai devorador Crono/Saturno que permite que seus filhos nasçam, para devorá-los em seguida.

Sombra – Nosso lado obscuro, aquilo que não desejamos ser, fica recalcado no inconsciente. Algumas qualidades positivas também estão na sombra e não vieram à consciência por falta de uma energia própria ao conteúdo psíquico ou porque não demos suficiente atenção a ele.

Mitopoese da psique: O arquétipo da sombra aparece como *o opositor* em mitos. O mitologema dos irmãos traz com frequência a ideia da sombra com toda a sua dubiedade: A luta do avô de Perseu, *Acrísio*, com seu irmão *Preto*; os mais conhecidos *Caim* e *Abel* e *Seth*, que desmembra *Osíris*.

Bibliografia

ASIMOV, I. (2004). *Eu, robô*. Rio de Janeiro: Ediouro.

BACHELARD, G. (1973). *A psicanálise do fogo*. Lisboa: Estúdios Cor.

BAIR, D. (2006). *Jung, uma biografia*. São Paulo: Globo.

BASH, K.W. (1965). *Psicopatologia general*. Madri: Morata.

BOECHAT, M. (2004). *A imagem como interface nas mídias digitais*. Rio de Janeiro: UFRJ [Dissertação de mestrado na Escola de Comunicação].

BOECHAT, P. (2006). *Terapia familiar*: mitos, símbolos e arquétipos. Rio de Janeiro: Wak.

BOECHAT, W. (2008). Ritmos e gestos: novas abordagens possíveis em psicoterapia junguiana. In: OLIVEIRA, H. (org.). *Corpo expressivo e construção de sentidos*. Rio de Janeiro: Bapera-Mauad.

_____ (2006a). *As questões com o Self: espiritualidade, finitude, individuação*. In: MONTEIRO, D. (org.). *Espiritualidade e finitude*. São Paulo: Paulus.

_____ (2006b). Transferência, tradições e xamanismo. In: BYINGTON, C. (org.). *Moitará I*: O simbolismo nas culturas indígenas brasileiras. São Paulo: [s.e.].

BOECHAT, W. (org.) (1997). *Mitos e arquétipos do homem contemporâneo*. 2. ed. Petrópolis: Vozes [edição esgotada].

BOLEN, Jean S. (1989). *Goddesses in Everywoman*. San Francisco: Harper and Row.

BRADBURY, R. (1990). *The illustrated man*. Nova York: Batan Books.

BRANDÃO, J.S. (1992). *Dicionário Mítico-etimológico da Mitologia Grega*. Vol. II. Petrópolis: Vozes.

_____ (1991). *Dicionário Mítico-etimológico da Mitologia Grega*. Vol. I. Petrópolis: Vozes.

_____ (1989). *Helena, o eterno feminino*. Petrópolis: Vozes.

_____ (1987a). *Mitologia Grega*. Vol. II. Petrópolis: Vozes.

_____ (1987b). *Mitologia Grega*. Vol. III. Petrópolis: Vozes.

_____ (1986). *Mitologia Grega*. Vol. I. Petrópolis: Vozes.

CALIFE, J.L. (2004). Prefácio e notas ao livro de ASIMOV: *Eu, robô*. Rio de Janeiro: Ediouro.

CAMPBELL, J. (1973). *The Hero With Thousand Faces*. Princeton: Bollingen Foundation/Princeton University Press.

CARNEIRO LEÃO, E. & WRUBLEWSKI, S. (orgs.) (1991). *Os pensadores originários*: Anaximandro, Parmênides, Heráclito. Petrópolis: Vozes.

EDINGER, E. (1990). *A anatomia da psique*. São Paulo: Cultrix.

ELIADE, M. (2002). *Mito e realidade*. São Paulo: Perspectiva.

_____ (1961). *Mitos, sueños y misterios*. Buenos Aires: Compañía General Fabril.

FREUD, S. (1940/1973). *Medusa's head* – Standard Edition of the complete Psychological Works of Sigmund Freud. Vol. XIX. Londres: The Hogarth Press.

GREENFIELD, B. (1985). The archetypal masculine: its manifestation in myth, and its significance for women. In: SAMUELS, A. (org.). *The Father* – Contemporary jungian perpectives. Nova York: [s.e.].

HILLMAN, J. (1992). Sobre a necessidade de um comportamento anormal: Ananke e Atena. In: HILLMAN, J. (org.). *Encarando os deuses*. São Paulo: Cultrix.

_____ (1979). A Grande Mãe, seu filho, seu herói e o puer. In: *Pais e mães*. São Paulo: Símbolo.

_____ (1977). *Re-Visioning Psychology*. Nova York: Harper and Row.

_____ (1975a). Pothos: the nostalgia of the Puer Aeternus. In: *Loose ends*. Dallas: Spring.

_____ (1975b). Abandoning the Child. In: *Loose ends*. Dallas: Spring.

_____ (1972). The dream and the underworld. In: *Eranos Yearbook* [s.n.t.].

HILLMAN, J. & KERÉNYI, K. (1991). *Œdipus Variations*. Dallas: Spring [*Édipo e variações*. Petrópolis: Vozes].

HOLLIS, J. (2004). Is something mything: a question inviting re-membrance. *Journal of Jungian Theory and Practice*, vol. 6, n. 2, p. 15-16. Nova York: The C.G. Jung Institute.

_____ (1998). *Rastreando os deuses*. São Paulo: Paulus.

HOMERO (2003). *Ilíada*. São Paulo: Arx [Tradução de Haroldo de Campos].

JACOBY, M. (1971/1972). *The ego concept and problems of ego weakness* [Apostila de curso ministrado no Instituto C.G. Jung de Zurique, semestre de inverno].

JUNG, C.G. (1963/1978). *Memórias, sonhos e reflexões*. Rio de Janeiro: Nova Fronteira.

_____ (1958/1993). *Um mito moderno* – Sobre coisas vistas no céu. Petrópolis: Vozes [OC, vol. X].

_____ (1954). *Sobre a psicologia da figura do Trickster*. Petrópolis: Vozes [OC, vol. IX-1].

_____ (1946/s.d.). *Considerações teóricas sobre a natureza do psíquico*. 6. ed. Petrópolis: Vozes [OC, vol. VIII/2].

_____ (1945). *Psicologia e alquimia*. Petrópolis: Vozes [OC, vol. XII].

_____ (1941/2000). *A psicologia do arquétipo da criança*. Petrópolis: Vozes [OC, vol. IX/1].

_____ (1916/s.d.). *A função transcendente*. 6. ed. Petrópolis: Vozes [OC, vol. VIII/2].

_____ (1912/1986). *Símbolos da transformação*. Petrópolis: Vozes [OC, vol. V].

_____ (1907). *A psicologia da dementia praecox*. Petrópolis: Vozes [OC, vol. III].

JUNG, C.G. & WILHELM, R. (2001). *O segredo da flor de ouro*. 11. ed. Petrópolis: Vozes [Prefácio].

KALSCHED, D. (1998). *The inner world of trauma* – Archetypal defenses of the personal spirit. Londres: Routledge.

KEMPER, A.K. (1962). *A interpretação aludida, sua relação com as vivências e comunicações pré-verbais* [Conferência no IV Congresso Psicanalítico Latino-Americano].

KERÉNYI, C. (1974). *The Heroes of the Greeks*. Londres: Thames and Hudson [*Os heróis dos gregos*. São Paulo: Cultrix].

_____ (1973). *The Gods of the Greeks*. Londres: Thames and Hudson [*Os deuses dos gregos*. São Paulo: Cultrix].

LAYARD, J. (s.d.). *The incest taboo and the virgin archetype*. Dallas: Spring.

Livro das mil e uma noites (2006). 2. ed. São Paulo: Globo [Autor desconhecido – Tradução do árabe por Mamede Mustafá Jarouche].

MAIER, M. (1989). *Atalanta fugiens*. [s.l.]: Phanes Press [Tradução do latim por Joscelyn Godwin].

McGUIRE, W. & HULL, R.F.C. (1987). *C.G. Jung*: entrevistas e encontros. São Paulo: Cultrix.

NEUMANN, E. (1973a). *The Origins and History of Consciousness*. Princeton: Princeton University Press [Bollingen Series].

_____ (1973b). *Love and Psyche*. Princeton: Princeton University Press.

ONIANS, R.B. (1973). *The origins of european thought*. Nova York: Arno.

PARIS, G. (1988). *Pagan Meditations*. Dallas: Spring Publications [*Meditações pagãs*. Petrópolis: Vozes].

PATAI, R. (1974). *O mito e o homem moderno*. São Paulo: Cultrix.

PEÇANHA, J.A. (1987). Platão, as várias faces do amor. In: *Os sentidos da paixão*. São Paulo: Funarte/Companhia das Letras.

PERERA, S.B. (1986). *The Scapegoat Complex*. Toronto: Inner City Books [*O complexo de bode expiatório*. São Paulo: Cultrix].

PESSOA, F. (1999). *Obra poética*. Rio de Janeiro: Nova Aguilar [Volume único].

PLATÃO (1987). *O banquete*. São Paulo: Nova Cultural [Os pensadores – Tradução do grego por José Cavalcante de Sousa].

ROAZEN, P. (1995). *Irmão animal* – A história de Freud e Tausk. Rio de Janeiro: Imago.

ROSA, G. (1976). A hora e a vez de Augusto Matraga. In: *Sagarana*. Belo Horizonte: Itatiaia.

SALANT, N.S. (1992). *A personalidade limítrofe*. São Paulo: Cultrix.

SAMUELS, A. (1990). *Jung e os pós-junguianos*. Rio de Janeiro: Imago.

SANDARS, N.K. (1992). *Gilgamesh, rei de Uruk*. São Paulo: Ars Poética [Tradução de Pedro Tamen].

SCHAVERIEN, J. (2007). Countertransference as active imagination: imaginative experiences of the analyst. *The Journal of analytical Psychology*, vol. 52, n. 4 p. 413-431. Londres: Blackwell.

SHAMDASANI, S. (2005). *Jung e a construção da psicologia moderna* – O sonho de uma ciência. Aparecida: Ideias e letras.

_____ (1995). Memories, dreams, omissions. *Journal of Archetype and Culture*, 57, p. 115-137. Dallas: Spring.

SZENEC, J. (1940/1972). *The survival of pagan gods*. Princeton: Bollingen Foundation/Princeton University Press.

SHEARER, A. (2004). On the making of myths: mythology in training. *Journal of Jungian Theory and Practice*, vol. 6, n. 2, p. 1-14. Nova York: The C.G. Jung Institute.

SLATER, P.E. (1971a). *The Glory of Hera*. Boston: Beacon.

_____ (1971b). Self-emasculation, or Hephaistos. In: *The Glory of Hera*. Boston: Beacon.

STEIN, M. (2000). *O mapa da alma*. São Paulo: Cultrix.

_____ (1980). Hephaistos: a Pattern of Introversion. In: HILLMAN, J. (org.). *Facing The Gods*. Dalas: Spring.

TAVARES, I.M. (1990). *Perseu, o mito e o complexo* Uma variante do Complexo de Édipo [Trabalho apresentado no 18º Congresso Latino-Americano de Psicanálise. Rio de Janeiro].

TUCKERMAN, I. (1999). *Breve história do corpo e de seus monstros*. Lisboa: Passagens.

VERNANT, J.-P. (1990). *Mito e pensamento entre os gregos*. Rio de Janeiro: Paz e Terra.

_____ (1988). *A morte nos olhos* – Figurações do Outro na Grécia Antiga. Rio de Janeiro: Zahar.

VIRGÍLIO (2005). *Eneida*. São Paulo: Ateliê [Tradução de Odorico Mendes].

VON FRANZ, M.-L. (1983). *The Way of The Dream*. Ontário: Windrose Films [Produzido por Frazer Boa].

_____ (1980). *The golden ass* – An Interpretation of Apuleius "Golden Ass". Dallas: Spring.

_____ (s.d.). *Puer Aeternus*. Dallas: Spring.

WERTHEIM, M. (2001). *Uma história do espaço*: de Dante à internet. Rio de Janeiro: Zahar.

WHITMONT, E. (1978). *The symbolic quest*. Princeton: Princeton University Press [*A busca simbólica*. São Paulo: Cultrix].

WILI, W. (1944/1971). The orphic mysteries and the Greek spirit. In: *The mysteries* – Papers from the eranos yearbooks. Princeton: Princeton University Press.

ZOJA, L. (2002). *O mito da arrogância*. São Paulo: Axis Mundi.

_____ (1998). *Nascer não basta*. São Paulo: Axis Mundi.

Sites

http://houaiss.uol.com.br

www.intercom.org.br/papers/xxv-ci

www.wikipedia.org the free encyclopedia

OLIVEIRA, F.C.R. *Vida artificial e os desafios para as fronteiras entre humanos e máquinas: um olhar da ficção científica* [Consultado em ago./2006].

Science Fiction [Acesso em set./2006].

Filmes

Alien, o 8º passageiro. 4ª parte: A ressurreição. Direção de Jean-Pierre Jeunet. Roteiro: Joss Whedon.

Blade Runner: o caçador de androides. Direção de Ridley Scott. História original de Philip Dick.

Marionettes, Inc. Direção de Alfred Hitchcock. História original de Ray Bradbury.

O exterminador do futuro (*The Terminator*). Direção de James Cameron. História original de Philip Dick.

Perdas e danos (Damned) (1992). Direção do Louis Malle. História original de Josephine Hart. Atores: Jeremy Irons, Juliette Binoche, Miranda Richardson.

2001: uma odisseia no espaço. Direção de Stanley Kubrick. História original de Arthur C. Clarke.

Coleção Reflexões Junguianas
Assessoria: Dr. Walter Boechat

- *Puer-senex – Dinâmicas relacionais*
Dulcinéa da Mata Ribeiro Monteiro (org.)
- *A mitopoese da psique – Mito e individuação*
Walter Boechat
- *Paranoia*
James Hillman
- *Suicídio e alma*
James Hillman
- *Corpo e individuação*
Elisabeth Zimmermann (org.)
- *O irmão: psicologia do arquétipo fraterno*
Gustavo Barcellos
- *Viver a vida não vivida*
Robert A. Johnson e Jerry M. Ruhl
- *O feminino nos contos de fadas*
Marie-Louise von Franz
- *Re-vendo a psicologia*
James Hillman
- *Sonhos – A linguagem enigmática do inconsciente*
Verena Kast
- *Introdução à Psicologia de C.G. Jung*
Wolfgang Roth
- *O encontro analítico*
Mario Jacoby
- *O amor nos contos de fadas*
Verena Kast
- *Psicologia alquímica*
James Hillman
- *A criança divina*
C.G. Jung e Karl Kerényi
- *Sonhos – Um estudo dos sonhos de Jung*
Marie-Louise von Franz
- *O livro grego de Jó*
Antonio Aranha
- *Ártemis e Hipólito*
Rafael López-Pedraza
- *Psique e imagem*
Gustavo Barcellos
- *Sincronicidade*
Joseph Cambray
- *A psicologia de C.G. Jung*
Jolande Jacobi
- *O sonho e o mundo das trevas*
James Hillman
- *Quando a alma fala através do corpo*
Hans Morschitzky e Sigrid Sator
- *A dinâmica dos símbolos*
Verena Kast
- *O asno de ouro*
Marie-Louise von Franz
- *O corpo sutil de eco*
Patricia Berry
- *A alma brasileira*
Walter Boechat (org.)
- *A alma precisa de tempo*
Verena Kast
- *Complexo, arquétipo e símbolo*
Jolande Jacobi
- *O animal como símbolo nos sonhos, mitos e contos de fadas*
Helen I. Bachmann
- *Uma investigação sobre a imagem*
James Hillman
- *Desvelando a alma brasileira*
Humbertho Oliveira (org.)
- *Jung e os desafios contemporâneos*
Joyce Werres
- *Morte e renascimento da ancestralidade da alma brasileira*
Humbertho Oliveira (org.)
- *O homem que lutou com Deus*
John A. Sanford
- *O insaciável espírito da época*
Humbertho Oliveira, Roque Tadeu Gui e Rubens Bragarnich (org.)
- *A vida lógica da alma*
Wolfgang Giegerich
- *Filhas de pai, filhos de mãe*
Verena Kast

EDITORA VOZES

Editorial

CULTURAL

Administração – Antropologia – Biografias
Comunicação – Dinâmicas e Jogos
Ecologia e Meio Ambiente – Educação e Pedagogia
Filosofia – História – Letras e Literatura
Obras de referência – Política – Psicologia
Saúde e Nutrição – Serviço Social e Trabalho
Sociologia

CATEQUÉTICO PASTORAL

Catequese – Pastoral
Ensino religioso

REVISTAS

Concilium – Estudos Bíblicos
Grande Sinal – REB

TEOLÓGICO ESPIRITUAL

Biografias – Devocionários – Espiritualidade e Mística
Espiritualidade Mariana – Franciscanismo
Autoconhecimento – Liturgia – Obras de referência
Sagrada Escritura e Livros Apócrifos – Teologia

PRODUTOS SAZONAIS

Folhinha do Sagrado Coração de Jesus
Calendário de mesa do Sagrado Coração de Jesus
Almanaque Santo Antônio – Agendinha
Diário Vozes – Meditações para o dia a dia
Encontro diário com Deus – Guia Litúrgico

VOZES NOBILIS

Uma linha editorial especial, com importantes autores, alto valor agregado e qualidade superior.

VOZES DE BOLSO

Obras clássicas de Ciências Humanas em formato de bolso.

CADASTRE-SE
www.vozes.com.br

EDITORA VOZES LTDA.
Rua Frei Luís, 100 – Centro – Cep 25689-900 – Petrópolis, RJ
Tel.: (24) 2233-9000 – Fax: (24) 2231-4676 – E-mail: vendas@vozes.com.br

UNIDADES NO BRASIL: Belo Horizonte, MG – Brasília, DF – Campinas, SP – Cuiabá, MT
Curitiba, PR – Fortaleza, CE – Juiz de Fora, MG – Petrópolis, RJ – Recife, PE – São Paulo, SP